Für meine Mutter, die stets abenteuerlustig
und zu neuen Erfahrungen bereit war.
Sie erklärte sich einverstanden, diese Widmung
mit meiner Siamesenkatze Cleopatra zu teilen,
die mich von ihrem Posten auf dem Kühlschrank aus beim Kochen überwachte und mir
aus sicherer Distanz zum lauten und
unberechenbaren Drucker beim Schreiben
zuschaute.

Die Originalausgabe erschien 1990
unter dem Titel «Favourite Indian Food»
bei Rosendale Press, London. Copyright
für den Text © 1990 Diane Seed,
für die Illustrationen © 1990 Robert Budwig.

Aus dem Englischen übersetzt
von Doris Blum.

Für die deutschsprachige Ausgabe:
© 1996
AT Verlag, Aarau, Schweiz
Druck: Canale & Co., Turin
Printed in Italy

ISBN 3-85502-562-2

Die besten Rezepte aus

INDIENS
KÜCHEN

TRADITIONELLE
SPEZIALITÄTEN
AUS ALLEN REGIONEN

von

DIANE SEED

ILLUSTRIERT
VON

ROBERT BUDWIG

AT VERLAG

Inhalt

Einführung

Die indische Küche kann einfach oder raffiniert, frugal oder opulent sein. Immer aber gelingt es, schon mit ein paar wenigen Grundzutaten, ein gutes indisches Essen zuzubereiten, das Annapurna, der Hindu-Göttin der Speisen, würdig ist.

Meine Begeisterung für das Land wurde zuerst aus der Literatur genährt, und während Jahren verschlang ich jedes Buch über Indien, das mir in die Finger kam. Die indische Küche mochte ich sehr gut, doch schreckten mich die zahlreichen mir fremden Gewürze und unbekannten Küchengeräte lange davon ab. Hinzu kamen der Reichtum und die Vielfalt der kulinarischen Traditionen in den verschiedenen Staaten des indischen Subkontinents. Auch die Schilderung mancher indischer Kochbücher von der Zubereitung der traditionellen Speisen, bei der nach althergebrachter Weise alle Mitglieder der Grossfamilie zusammenarbeiten, hielt mich davon ab, mich selbst in der indischen Kochkunst zu versuchen.

Während der Recherchen für dieses Buch wurde mir jedoch bewusst, dass die Zeiten sich überall auf der Welt geändert haben, auch in Indien. Viele indische Hausfrauen gehen einer Arbeit ausser Haus nach und müssen ähnliche praktische Kompromisse schliessen wie die Frauen in Europa, den Vereinigten Staaten und Australien. Die nostalgischen Stimmungsbilder vom Heim, in dem es nach frisch gebackenem Brot und Kuchen duftet, oder von Küchen, in denen Girlanden golden leuchtender Pasta hängen, sind ebenso trügerisch wie der durch manche indische Kochbücher vermittelte Eindruck, dass Hausangestellte tagtäglich für ausgeklügelte Speisen Unmengen von Gewürzen mahlen. Auch ohne die Hilfe von Bedientesten gibt es im heutigen Indien noch immer gutes traditionelles Essen. Die komplizierteren und aufwendigeren Gerichte bleiben besonderen Gelegenheiten vorbehalten. Und seit es moderne Küchengeräte gibt, kann jedermann und jedefrau ohne Aufwand indisch kochen. Die elektrische Kaffeemühle zum Beispiel zerpulvert in wenigen Sekunden Gewürze, der Elektrohacker (Cutter) verarbeitet Grundmischungen aus Knoblauch und Ingwer, und in der Küchenmaschine lässt sich sogar der Teig für indisches Brot kneten. Der Aufwand reduziert sich auf ein paar Minuten.

Einflüsse auf die indische Küche

Die regionalen Essgewohnheiten auf dem riesigen indischen Subkontinent sind aus der Vielfalt der Völker, Religionen und Klimas entstanden. Die Küche der kühlen Gegenden des Himalajas und Kaschmirs im Norden ist geprägt vom einheimischen Lamm und vom Basmatireis, der in den nördlichen Ebenen gedeiht. Im Gegensatz dazu steht die tropische Küche der Fischerdörfer von Goa und der Malabarküste am Äquator, wo aus Fisch, Meeresfrüchten und Kokosnuss köstliche Spezialitäten bereitet werden. Neben der Verschiedenheit der klimatischen Bedingungen durchlebte der Norden während Jahrhunderten die Unterwerfung durch kriegerische Stämme – Einflüsse, die im Süden weniger zum Tragen kamen. Besonders prägend wirkten die Moguln, moslemische Fürsten türkischer und persischer Herkunft. Sie beeinflussten nicht nur die Kunst und Architektur des Landes, unter ihnen erfuhr auch die Küche Nordindiens eine Periode der höch-

sten Verfeinerung. Sie hinterliessen elegante cremige Saucen mit feinem Aroma und Kombinationen von safrangewürztem Fleisch und Reis.

Neben den tiefgreifenden Auswirkungen von Klima und Eroberungen bestimmten auch die Religionen die Entwicklung der indischen Esskultur. Strengste Vorschriften legen fest, was als erlaubte und was als verbotene Speise gilt, und Millionen von Hindus, Mohammedanern, Buddhisten, Jainas und Sikhs leben seit Jahrhunderten danach. Auch die religiösen Minderheiten der Christen, Juden und Parsen steuerten vielerlei interessante Kochstile bei. Hindus und Sikhs essen kein Rindfleisch, Mohammedaner und Juden kein Schweinefleisch. Die Brahmanen und Jainas zählen unter den Hindus zu den strengsten Vegetariern und essen weder Fisch noch Eier. Manche lehnen rote Lebensmittel wie zum Beispiel Tomaten ab, weil sie in ihrer Farbe an Fleisch erinnern. Andere meiden Knoblauch und Zwiebeln, weil sie glauben, dass ihr kräftiger Geschmack die Leidenschaften entflammt. Wie alle Verbote haben auch diese nur den Einfallsreichtum der Köchinnen und Köche gefördert.

Gewürze und Grundzutaten

Indien hat der Welt ein einzigartiges Geschenk vermacht: die Erforschung und Verfeinerung von Duft und Aroma der Gewürze. Durch das Rösten, Mahlen und Braten einer nahezu unendlichen Vielfalt an Kombinationen von Früchten, Schoten, Samen und Wurzeln entwickelte sich in den verschiedenen Regionen Indiens eine Küche, die weltweit Anerkennung gefunden hat.

Urspünglich brauchte man die Gewürze sowohl zum Konservieren der Lebensmittel als auch zum Aromatisieren. Viele Gewürze schätzte man auch wegen ihrer medizinischen Wirkung und braucht sie heute noch zum Beispiel in Gerichten mit Hülsenfrüchten, um Blähungen zu verhindern. Es gibt Gewürze für kaltes Wetter wie etwa Zimt und solche, die bei heissem Wetter Erleichterung verschaffen, wie die Tamarinde. Muskatblüte wiederum wird während der grossen Sommerhitze vermieden, da sie leicht Nasenbluten verursacht.

Die unerschöpfliche Vielfalt der indischen Küche beruht auf der raffinierten Mischung einzelner Gewürze, die je nach Region variiert. Auf meinen Reisen entdeckte ich fünf verschiedene Krabben-Currys, ein jedes von anderer Farbe, Struktur und Geschmacksrichtung, weil jedesmal wieder eine andere Kombination von Gewürzen verwendet wurde. Da die Gewürze das A und O der indischen Küche bedeuten, sind die kommerziell hergestellten «Currypulver» von jenen, die sich mit der echten indischen Esskultur vertraut machen wollen, strikt zu meiden. Mit diesen fertigen Currypulvermischungen schmeckt jedes Gericht auf langweilige Art gleich. Besser ist es, die ganzen Gewürze in kleinen Mengen zu kaufen (ihr Aroma verflüchtigt sich nach ungefähr drei Monaten) und die für das jeweilige Gericht gewünschten Gewürze in einer schweren Pfanne trocken zu rösten und dann zu zerpulvern. Eine kleine elektrische Kaffeemühle übernimmt diese Arbeit bestens, wenn auch Puristen den Gebrauch von Mörser und Stössel über alles stellen. Wer sich ernsthaft mit der indischen Küche befassen will, sollte sich unbedingt den Kauf einer elektrischen Mühle leisten. Einsteiger können sich aber auch sehr gut kleine Mengen von vakuumverpacktem Gewürzpulver kaufen und damit recht befriedigende Ergebnisse erlangen. Es sollte sich auch niemand von der in einigen Rezepten langen Liste von Würzzutaten abschrecken lassen. Jedes Gewürz verleiht dem betreffenden Gericht eine individuelle Note, doch lassen sich die Rezepte auch ohne die eine oder andere seltene Beigabe wie beispielsweise Asant nachkochen.

Unentbehrlich sind Knoblauch, frischer Ingwer und frische grüne Chilischoten, während der Vorrat im Gewürzgestell sich nach und nach ergänzen lässt. Muskatnuss, Muskatblüte, Nelke und Zimt sind den meisten Köchinnen vertraut. Kreuzkümmel, Koriander, Kurkuma, Kardamom und Cayennepfeffer gehören zu den nächstwichtigen. Und wenn Sie frischen Koriander, das indische Äquivalent unserer Petersilie, auftreiben können, verleihen Sie mit den intensiv riechenden Blättchen manchem Gericht den authentischen Touch.

Der Gewürzvorrat

Ajowan *(Ajwain, Carom)*
Die Samen haben einen scharfen Geschmack
und werden Gemüsegerichten und Broten beigegeben. Sparsam verwenden! (Es gibt Han-
delspackungen, die das Gewürz wegen seiner
Ähnlichkeit in Geruch und im gekochten
Zustand in Geschmack als «Thymiansamen»
bezeichnen. Ajowan ist mit diesem jedoch
nicht verwandt.)

Asant oder Asafötida *(Heeng)*
Dieses Harz aus dem Wurzelstock verschiedener Ferula-Arten, bei uns auch Teufelsdreck
genannt, wird meist in Form von Körnern oder
gemahlen als Pulver angeboten. Asant besitzt
pur einen starken, unangenehmen Geruch und
Geschmack, den es beim Anbraten verliert. Er
wird gewöhnlich in kleiner Menge verwendet
und dient in einigen Rezepten als Ersatz für
Zwiebeln.

Bockshornklee oder Griechisch Heu *(Methi)*
Die Samen dieser Pflanze duften intensiv und
schmecken roh bitter, trocken geröstet ent-

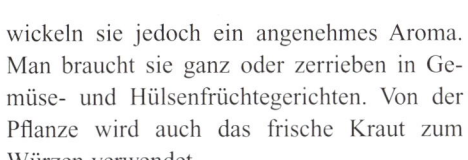

wickeln sie jedoch ein angenehmes Aroma. Man braucht sie ganz oder zerrieben in Gemüse- und Hülsenfrüchtegerichten. Von der Pflanze wird auch das frische Kraut zum Würzen verwendet.

Cayennepfeffer *(Lal mirch)*
Cayennepfeffer ist küchenfertig als Pulver aus gemahlenen getrockneten Chilischoten erhältlich. Das Gewürz ist sehr scharf und dient auch als Beigabe zu Gewürzmischungen.

Fenchelsamen *(Saunf)*
Die hellgrünen Samen mit ihrem verhaltenen Geruch und ihrem süssen Anisgeschmack werden ganz oder gemahlen in Fleisch-, Reis- und Gemüsegerichten verwendet.

Gewürznelke *(Laung)*
Die getrockneten ungeöffneten Blütenknospen des Nelkenbaums haben einen intensiven Duft und Geschmack. Sie werden sowohl ganz wie auch gemahlen verwendet, sind Bestandteil von Gewürzmischungen und würzen Reisgerichte und Saucen.

Zimt

Ingwer *(Adrak)*

Die aromaintensive frische Wurzelknolle der Ingwerpflanze wird geschält und fein gehackt zahlreichen indischen Gerichten beigegeben.

Kardamom *(Elaichi)*

Die grünen Fruchtkapseln der Kardamompflanze enthalten wohlriechende Samen. Diese dienen ganz oder gemahlen als beliebtes Gewürz für Fleisch, Reis und Desserts. Es werden entweder die aus den Kapseln gelösten Samen oder noch häufiger, um einen milderen Geschmack und Duft zu erhalten, die ganze Kapsel zermahlen. (Bei braunen bis schwarzen Fruchtkapseln handelt es sich meist um billigen Kardamomersatz, der qualitativ nicht an den echten Kardamom heranreicht.)

Koriander *(Dhania)*

Von dieser für die indische und südostasiatische Küche zentralen Gewürzpflanze braucht man neben den Samen auch die Blätter des frischen Krauts. Die Samen besitzen einen starken Duft und angenehmen Geschmack. Man verwendet sie ganz oder gemahlen. Das frische Kraut wird fein geschnitten zum Würzen und Garnieren über das fertige Gericht gestreut.

Kreuzkümmel *(Jeera)*

Die getrockneten hellen oder dunklen Samen des Kreuzkümmels gleichen dem Kümmel, sind mit diesem jedoch nicht zu verwechseln. Sie besitzen einen nussigen Geschmack und ein kräftiges Aroma. Ganz oder gemahlen nehmen sie in der indischen Küche einen wichtigen Platz ein: sie würzen zahlreiche Speisen und sind ein wichtiger Bestandteil von Currymischungen.

Kurkuma oder Gelbwurz *(Haldi)*

Die dem Ingwer ähnliche Wurzel wird gekocht und anschliessend gemahlen und im Handel meist auch in dieser Form angeboten. Kurkuma gibt Gemüse-, Reis- und Fleischgerichten eine intensive gelbe Farbe und einen markanten Holzgeschmack. Der Geruch ist eher mild. Kurkuma ist das wichtigste Gewürz für indische vegetarische Gerichte.

Mohnsamen *(Khas-Khas)*

Die in Indien vor allem verwendeten hellen Samen dienen zerrieben in erster Linie zum Binden von Saucen, weniger als Gewürz. Es lassen sich auch die bei uns bekannteren schwarzen Samen verwenden.

Muskatblüte oder Macis *(Javitri)*

Als Muskatblüte oder Macis wird der Samenmantel bezeichnet, der die Schale der Muskatnuss umhüllt. Sie hat einen stärkeren Geschmack als die Nuss selber. Man verwendet davon einzelne Fäden oder das gemahlene Pulver.

Muskatnuss *(Jaiphal)*

Die dunkelbraune Frucht mit dem angenehmen Geschmack kennt man in jeder Küche. Frisch gerieben würzt sie in Indien Gemüse- und Reisgerichte.

Paprika *(Deghi mirch)*

Das aus Chilischoten gewonnene rote Paprikapulver hat einen eher milden Geschmack. In der indischen Küche ist es beliebt zum Färben von Speisen.

Rote Chilischoten

Safran *(Kesar)*

Die orangeroten Blütennarben einer orientalischen Krokuspflanze werden von Hand aus den Blüten gelöst und getrocknet. Am besten kauft man die ganzen Fäden, da das Pulver häufig mit Zusätzen gestreckt ist. Safran ist zwar teuer, aber von besonders delikatem Geschmack, und schon eine winzige Menge genügt, um ein Fleisch- oder Reisgericht zu würzen. Vor der Verwendung weicht man die Fäden in etwas heisser Milch ein, um Farbe und Aroma zu lösen.

Senfsamen *(Pai)*

Die kleinen braunen Samen der Senfpflanze werden ganz oder gemahlen für die meisten würzigen Gerichte gebraucht.

Tamarinde *(Imli)*

Die fleischigen, dunkelbraunen Schoten des Tamarindenbaums kommen in Blöcke gepresst in den Handel. Sie geben vielen südindischen Gerichten den typischen säuerlichen Geschmack. Vor dem Gebrauch weicht man 50 g Tamarindenmark in ¼ l heissem Wasser ein und drückt es anschliessend aus, um die

Curryblätter

Geschmacksstoffe zu lösen. Zum Kochen verwendet man den abgeseihten Saft oder auch direkt das eingeweichte Mark.

Zimt *(Dalchini)*

Die feine Rinde des Zimtbaumes oder die gröbere des Kassiabaumes wird ganz oder gemahlen verwendet. Sie aromatisiert viele indische Gerichte, unter anderem auch den Mogulreis.

Gewürzmischungen

Garam Masala

Es gibt zwar gebrauchsfertiges Garam Masala im Handel, aber hausgemacht hat diese pikante Gewürzmischung viel mehr Pfiff.

1 TL grüne Kardamomkapseln
7 cm Zimtstange
½ TL ganze Nelken
15 g schwarze Pfefferkörner
30 g Kreuzkümmelsamen
30 g Koriandersamen

Die Gewürze in einer schweren Bratpfanne trocken, das heisst ohne Fettstoff rösten, bis sie braun werden. Dabei fleissig rühren und schütteln, damit sie nicht anbrennen. Auskühlen lassen und in der elektrischen Kaffeemühle mahlen. In einem luftdicht verschlossenen Gefäss aufbewahren.

Sambhar Masala

Diese Gewürzmischung braucht man in der südindischen Küche. Die gebrauchsfertige Handelsware enthält meistens Kurkuma, Koriander, Chilis, Bockshornklee, Kreuzkümmel und Hülsenfrüchte. Der Geschmack der hausgemachten Mixtur ist natürlich besser.

60 g Koriandersamen
12 ganze getrocknete rote Chilischoten
1½ TL Kreuzkümmelsamen
1½ TL schwarze Pfefferkörner
1½ TL Bockshornkleesamen
(Griechisch Heu)
1½ TL gespaltene, geschälte Urdbohnen
1½ TL gespaltene, geschälte Mungbohnen
1½ TL gespaltene, geschälte Kichererbsen
2 EL Kurkuma

Koriander, Chilischoten, Kreuzkümmel und Pfefferkörner in einer schweren Bratpfanne trocken, das heisst ohne Fettstoff rösten. Dabei fleissig rühren, damit sie nicht anbrennen. Nach fünf Minuten in ein Gefäss umleeren und auskühlen lassen. In der gleichen Pfanne und wieder ohne Fettstoff die Hülsenfrüchte 5 bis 10 Minuten bei mässiger Hitze rösten. In ein Gefäss umleeren und auskühlen lassen. In der noch warmen Pfanne das Kurkuma nur leicht durchwärmen. Wenn alle Zutaten ausgekühlt sind, in der elektrischen Mühle mahlen und in einem luftdicht verschlossenen Gefäss aufbewahren.

Kräuter und andere Grundzutaten

Curryblätter *(Meethe neam ke patte)*
Diese mittelgrünen Blätter mit ihrem bitteren Geschmack und starken Geruch sind eine typische Beigabe in der südindischen Küche. Es gibt sie bei uns nur selten frisch, häufiger findet man sie in getrockneter Form, in der sie allerdings wenig geschmacksintensiv sind.

Geklärte Butter *(Ghee)*
In bestimmten Spezialgeschäften ist diese Butter in Dosen erhältlich. Man kann sie auch selber herstellen, indem man frische Butter aufschäumt und so lange köchelt, bis sämtliche Feuchtigkeit verdunstet ist. Dann seiht man sie durch ein Tuch ab und bewahrt sie in einem zugedeckten Topf kühl auf.

Getrocknete Hülsenfrüchte *(Dal)*
In der indischen Küche gibt es eine unendliche Vielfalt von sogenannten «Dal». Sie sind leicht zu lagern und zu gebrauchen, nur ihre Namen führen manchmal zu Verwirrungen. Nachfolgend die gebräuchlichsten Sorten:
Gelbe Linsen *(Toovar dal)*
Indische braune Linsen *(Masar dal)*

Mungbohnen *(Moong dal)*
Urdbohnen oder schwarze Mungbohnen *(Urd dal)*
Gespaltene Kichererbsen *(Channa dal)*

Die ganzen, ungeschälten Mungbohnen sind olivgrün, erst geschält und gespalten werden daraus die vertrauten gelben *Moong dal*. Die ganzen, schwarzen Urdbohnen werden auch als *Sabat urad* bezeichnet, geschält sind sie weiss und heissen *Urd dal*. Trotz aller Vielfalt werden in den indischen oder asiatischen Spezialitätengeschäften alle diese Hülsenfrüchte, wenn geschält und gespalten, einfach als «Dal» bezeichnet. In den meisten Rezepten lässt sich denn auch die eine Sorte ohne weiteres durch eine andere ersetzen.

Grüne Chilischoten *(Hari mirch)*
Frische grüne Chilischoten sind unterschiedlich scharf: je kleiner die Schoten, desto schärfer sind sie. Bevor man sie zerhackt, werden sie aufgeschlitzt und von den Samen befreit. Doch Vorsicht! Sie brennen gefährlich auf der Haut und in den Augen. Gut verpackt lassen

sie sich im Kühlschrank 2 bis 3 Wochen aufbewahren. Sofern nicht anders vermerkt, werden in den Rezepten immer frische Chilischoten verwendet.

Kichererbsenmehl *(Besan)*

Das aus Kichererbsen hergestellte Mehl findet man in Asiengeschäften oder im Reformhaus. Es ist eine wichtige Zutat für bestimmte Teigarten, Saucen und Brote.

Kokosnuss *(Narial)*

Die Frucht der Kokosnusspalme ist bestens bekannt. Beim Einkauf überprüft man ihre Frische anhand des Gewichts; die Flüssigkeit im Innern macht sie schwer. Zum Öffnen gibt es neben roher Gewalt noch andere Möglichkeiten: Man bohrt mit einer Ahle Löcher in die «Augen» an den beiden Enden der Kokosnuss und lässt so die Flüssigkeit ausfliessen. Darauf legt man die Nuss 25 Minuten lang in den mässig warmen Ofen, beklopft sie dann von allen Seiten, damit sich die Schale löst. Mit einem Hammer versetzt man ihr einen schweren Schlag, um sie zu öffnen, und schabt das Fruchtfleisch mit dem Messer heraus.

Kokosnussraspel: Die braune Haut vom Fruchtfleisch entfernen und dieses von Hand auf einer feinen Raspel oder im Mixer zerkleinern. Nach den Angaben im Rezept Saucen und andern Gerichten zufügen.

Kokosnussmilch: Für die Herstellung frischer Kokosnussmilch ¼ l heisses Wasser mit 90 g Kokosnussraspeln vermengen. Eine Stunde oder länger weichen lassen, dann gut vermischen oder mixen und abseihen.

Gebrauchsfertige ungesüsste Kokosnussmilch oder Kokosnusscreme gibt es inzwischen in Supermärkten und gut sortierten Lebensmittelabteilungen von Warenhäusern. Aus Kokosnusscreme, der abgeschöpften sahnigen, dicken Schicht, die sich auf der Kokosnussmilch absetzt, lässt sich Kokosnussmilch herstellen: dazu die Kokosnusscreme mit der doppelten Menge heissem Wasser (z.B. 75 ml Creme auf 150 ml Wasser) mischen.

Korianderblätter *(Hara dhania)*

Frische grüne Korianderblätter, auch Cilantro genannt, sind die Petersilie der indischen Küche. Man streut sie als Garnitur über viele Gerichte oder braucht sie gelegentlich in grossen Mengen für eine herbe grüne Sauce. Mit den Wurzeln in Wasser gestellt im Kühlschrank aufbewahrt, bleibt das Kraut mehrere Wochen frisch.

Mais *(Makka)*

Mais wird überall in Indien angepflanzt. Das gelbe Maismehl braucht man für Brote, die traditionell auf dem Herd in der heissen Pfanne gebacken werden.

Menügestaltung

Anfänger stehen gelegentlich vor dem Problem, wie sie eine indische Mahlzeit zusammenstellen könnten. Dabei sind immer die gleichen Grundregeln zu beachten: Jede indische Mahlzeit sollte aus einer Hauptspeise wie zum Beispiel aus Fleisch, Geflügel oder Fisch bestehen. Ergänzt wird sie durch eine Beilage aus Reis oder Brot, manchmal aus beidem zusammen. Wenn das Essen

vegetarisch ist, kommt gewöhnlich etwas mit Joghurt dazu. Es können auch zwei würzige Gemüsebeilagen zusammen gereicht werden, die eine «nass», die andere «trocken», nicht zu vergessen eine Auswahl von Pickles oder Chutneys. Je gehobener eine Einladung sein soll, desto mehr Varianten bereitet man von jedem Bestandteil des Menüs zu. Für ein einfaches Abendessen genügen vielleicht zwei Gerichte, wie etwa eine Suppe und Brot oder ein Linsen-Gemüse-Gericht und Reis. Was also bisweilen nach einer unüberschaubaren Fülle von Gerichten aussieht, lässt sich durchaus zu einem unkomplizierten, einfachen Essen reduzieren, wie beispielsweise ein mit würzigen Kartoffeln gefülltes Brot und dazu eine Schüssel Mulligatawny-Suppe. Und wie herrlich das schmeckt!

Als ich mich auf meinen Reisen durch Indien mit seiner Küche und seinen Rezepten befasste, wurde ich allerdings ständig eines Besseren belehrt. Oft stellte eine neu gemachte Erfahrung die andere auf den Kopf, ja kehrte sie schlicht ins Gegenteil. In einem so riesigen Land, das sich aus so verschiedenen Kulturen und Religionen zusammensetzt, ist dies wohl unvermeidlich. Eine der zur Zeit laufenden Auseinandersetzungen an der kulinarischen Front der gepflegten Restaurants und vornehmen Privathäuser heisst «Thali» oder Menügänge. Ich hatte gelernt, dass es in der traditionellen indischen Esskultur einzelne Gänge gar nicht gibt und mich glücklich darüber auf das flache Messingtablett, das sogenannte «Thali», umgestellt, auf dem in kleinen Messingschalen allerlei Speisen, dazu etwas Reis und Brot aufgereiht werden. Nun äussert aber der Altmeister der eleganten indischen Küche und bekannte Autor J. Inder Singh Kalra aus Delhi die Meinung, dass man auch eine indische Mahlzeit Gang um Gang servieren sollte, angefangen bei den traditionellen Kebabs. So wird es etwa auch in dem zur Wellcome-Gruppe gehörenden neuen Restaurant Dum Phukt in Delhi praktiziert. Es scheint also durchaus vertretbar, ein indisches Essen nach Gutdünken auf diese oder die andere Art zu gestalten. Ursprünglich bildete das Brot die Sättigungsbeilage des Nordens und der Reis die des Südens. Heute sind die Grenzen verwischt, und auf einem Tisch finden sich oft beide zusammen.

Eine vollständige indische Mahlzeit ist ideal für einen grösseren Kreis von Freunden oder Gästen. Für den Familienalltag mache ich oft nur eine indische Suppe mit einem Brot oder einfach einen Eintopf aus Gemüse und Linsen. Die indische Küche lässt sich auf mancherlei Art pflegen und den Bedürfnissen der jeweiligen Situation anpassen.

Indische Speisen sind nur selten «Fastfood», obwohl ein einfaches Gericht wie die Parsischen Rühreier in wenigen Minuten zubereitet sind. In Indien lernte ich einige arbeitssparende Tricks, die das Kochen sehr viel einfacher gestalten. Bevor ich mit den Vorbereitungen für ein indisches Festmahl beginne, zerkleinere ich nun in der Küchenmaschine grosse Mengen von geschältem Knoblauch und Ingwer, so dass ich von beiden schon eine dicke Paste habe, die sich im Kühlschrank gut achtundvierzig Stunden aufbewahren lässt; man kann sie sogar einfrieren. Dadurch erspare ich mir die Wiederholung eines recht mühsamen Ablaufs und nütze zudem den Vorteil, dass sich die Paste in grösserer Menge leichter herstellen lässt. Der Trumpf der indischen Küche für die moderne, vielbeschäftigte Gastgeberin oder Hausfrau liegt jedoch darin, dass die Speisen am zweiten Tag noch besser schmecken als am ersten, da sich der Geschmack der Gewürze verstärkt und vervielfacht. Sowohl Fleisch- wie auch Fischgerichte eignen sich daher bestens dazu, sie am Vorabend vorzukochen und dann erst kurz vor Ankunft der Gäste nur noch aufzuwärmen. Auch friere ich gerne die Reste eines besonders schmackhaften Hauptganges ein, um sie bei späterer Gelegenheit als originelle Füllung für Samosas zu verwenden.

Sämtliche Rezepte in diesem Buch
sind für 6 Personen berechnet.

Suppen, Vorspeisen und Snacks

Die Inder essen gern, und jede indische Region kennt eine Menge von Snacks, die man zu jeder Tages- oder Nachtzeit geniessen kann. Aus ihnen lassen sich interessante Aperitif-häppchen herstellen, oder sie ergeben in einer kleinen Auswahl einen orginellen ersten Gang. Die Suppen sind eine Hinterlassenschaft der Briten in der indischen Küche, und im Laufe der Jahre sind viele köstliche Suppengerichte zu einem festen Bestandteil des indischen Speisezettels geworden.

Mulligatawny-Suppe

Mulligatanni

Diese sehr beliebte, elegante Suppe wurde vor rund zweihundert Jahren in Madras erfunden. Der Name bedeutet auf tamilisch «Pfefferwasser». Es gibt viele vegetarische und nicht-vegetarische Versionen davon. Mein Lieblingsrezept stammt aus dem Restaurant des Hotels Fisherman's Cove in Covelong an der Koromandel-Küste. Das Hotel steht an einem langen, weissen Badestrand in der Nähe eines kleinen Fischerdorfes, das sich unweit von Mahabalipuram mit seinen spektakulären Monolithsteinen und dem romantischen Shore-Tempel aus dem 8. Jahrhundert befindet.

200 g gespaltene braune Linsen
1 l helle Brühe (z.B. Geflügelbrühe)
100 g Kartoffeln
100 g Äpfel
1½ EL Pflanzenöl
100 g Zwiebeln, fein gehackt
5 Knoblauchzehen, fein gehackt
4 cm frische Ingwerwurzel, geschält, fein gehackt
1 scharfe grüne Chilischote, entkernt und fein geschnitten
3 cm Zimtstange

5 Gewürznelken
2 TL gemahlener Koriander
1 TL gemahlener Kreuzkümmel
1 TL Kurkuma
5 frische oder getrocknete Curryblätter
50 g Kokosnusscreme, vermischt mit ¼ l Wasser
2½ EL frischer Zitronensaft
1 TL Salz
2 EL gehackte Korianderblätter

Die Linsen waschen und verlesen, dann mit der Brühe in einen Topf geben und aufkochen. Die Kartoffeln und Äpfel in Spalten schneiden, zu den Linsen geben und rund 20 Minuten oder bis sie weich sind, kochen.
Das Öl erhitzen und die Zwiebeln zusammen mit Knoblauch, Ingwer und der Chilischote sanft anbraten. Sobald die Zwiebel glasig ist, die Gewürze und Curryblätter beifügen. Unter ständigem Rühren dünsten, bis sich das Öl absetzt. Die ganzen Gewürze entfernen und die Mischung pürieren.
Die Linsen, Äpfel und Kartoffeln zu einem Mus zerdrücken, die Kokosnussmilch und die pürierte Gewürzmischung untermengen. Mit Zitronensaft und Salz abschmecken und vor dem Servieren mit den gehackten Korianderblättern garnieren.

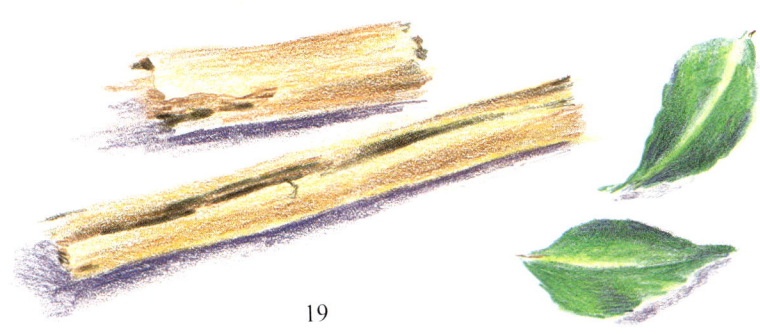

Eisgekühlte Avocado-Kokosnuss-Suppe

Moplas-Soup

Die Malabarküste mit ihren exotischen Gewürzen und der üppigen grünen Vegetation lockte seit Urzeiten wagemutige fremde Handelsleute an. Vor vielen Jahrhunderten erlagen arabische Händler dem Sirenengesang, heirateten in die ansässigen Familien ein und wurden als die *Moplas* oder Schwiegersöhne bekannt. Ihnen verdanken wir diese köstliche kalte Suppe.

1 grosse reife Avocado
100 g frisch geraspelte Kokosnuss
¼ l Joghurt
4 scharfe grüne Chilischoten, entkernt
3 kleine Knoblauchzehen
2 EL Zitronensaft
1 TL gemahlener Kreuzkümmel
¾ l Wasser
Salz
2 EL gehackte Korianderblätter

Die Avocado schälen und den Stein entfernen. Das Avocadofleisch zusammen mit den Kokosnussraspeln, dem Joghurt, den Chilischoten, Knoblauch, Zitronensaft, Kreuzkümmel und etwas Wasser im Mixer zu einer glatten Paste verarbeiten. Das restliche Wasser daruntermischen, mit Salz abschmecken. Gut gekühlt, mit Korianderblättern bestreut, servieren.

Meeresfrüchtesuppe

Sopa Grossa

Die Bewohner von Goa lieben Meeresfrüchte. In diesem Rezept bereichern die einheimischen Schalentiere den traditionellen nahrhaften Reisbrei der Dorfbewohner, den sogenannten *Pez*. Jeder Haushalt hat seine eigene Version dieser Suppe, und es lassen sich dafür beliebige Meerestiere verwenden. Ich verwende am liebsten eine Mischung von Muscheln, Garnelen oder Krabben und Tintenfisch. Durch das Mitkochen der Panzer oder Schalen bekommt sie noch einen intensiveren Geschmack.

200 ml Weisswein
½ l Wasser
1 kg gemischte Meeresfrüchte, mit oder ohne Schale,
frisch oder gefroren
3 EL Pflanzenöl
1 grosse Zwiebel, fein gehackt
1 EL fein gehackter Knoblauch
1 EL fein gehackter frischer Ingwer
½ TL Kurkuma
1 TL Kreuzkümmelsamen
1 TL Koriandersamen
175 g gekochter Reis (siehe Seite 97)
Salz

Wein und Wasser mischen und die frischen Meeresfrüchte darin kochen, bis die Muscheln sich öffnen und das Fleisch gar ist. Gefrorene Meerestiere erst auftauen, dann im Sud köcheln, bis sie gar sind. Das Fleisch aus den Schalen lösen und in der Küchenmaschine zerhacken, aber nicht pürieren. Den Kochsud durch ein Käseleinen- oder Musselintuch filtern.
Das Öl erhitzen, die Zwiebel darin glasig dünsten, und den Knoblauch, Ingwer sowie die Gewürze zugeben. Bei schwacher Hitze unter ständigem Rühren wenige Minuten rösten. Die gehackten Meeresfrüchte, den Reis und den durchgesiebten Kochsud beifügen, mit Salz abschmecken und sanft wärmen.

Spinat-Rahm-Suppe

Palak Shorba

In Indien taucht Spinat in mancherlei Gewand auf. Hier verbindet er sich mit Reis und Geflügelbrühe zu einer köstlichen, aromatischen grünen Suppe.

2 EL Pflanzenöl
300 g Zwiebeln, fein geschnitten
1 Knoblauchzehe, fein gehackt
je 1 TL gemahlene Muskatblüte (Macis), Kreuzkümmel
und schwarzer Pfeffer
¼ TL Nelkenpulver
½ TL Zimtpulver
1 kg frischer oder die entsprechende Menge
tiefgefrorener Spinat
60 g gekochter Reis (siehe Seite 97)
¾ l Geflügelbrühe
Salz
200 ml Milch
3 EL Rahm
1½ EL Zitronensaft
schwarzer Pfeffer

Das Öl erhitzen und darin die Zwiebeln und den Knoblauch rösten, bis sie etwas Farbe annehmen. Die gemahlenen Gewürze zufügen, einige Minuten unter Rühren mitbraten, dann die Pfanne vom Feuer nehmen.

Den Spinat mit dem Wasser, das vom Waschen an ihm haftet, kochen, bis er zusammenfällt, dann gut abtropfen lassen. Zusammen mit dem gekochten Reis und etwas Geflügelbrühe pürieren, die geröstete Zwiebel-Gewürz-Mischung zugeben und nochmals pürieren. Zusammen mit der restlichen Geflügelbrühe in einen Topf geben und etwas Salz, die Milch und den Rahm zufügen. Unter gelegentlichem Rühren zum Kochen bringen, die Suppe darf aber nicht sieden. Kurz vor dem Anrichten mit Zitronensaft und schwarzem Pfeffer abschmecken.

Würzige Joghurtsuppe

Dahi Ka Shorba

Zum erstenmal probierte ich diese Suppe im Hotel Taj Palace in Delhi, und sie wurde zu einer meiner Lieblingssuppen. Die Zubereitung ist schnell und einfach und lässt sich gut vorbereiten.

50 g Butter	1 EL fein gehackter frischer Ingwer
1 EL Kreuzkümmelsamen	1 TL Kurkumapulver
1½ EL fein gehackte Zwiebel	¾ l Joghurt
½ Tomate, gehäutet, entkernt	100 ml Rahm
und gehackt	3 EL gehackte Korianderblätter
1 scharfe grüne Chilischote,	Salz
entkernt und fein gehackt	

Die Butter aufschäumen und den Kreuzkümmel darin rösten, bis er knistert.
Dann die Zwiebel, Tomate, Chilischote, den Ingwer und Kurkuma zugeben und alles ungefähr 15 Minuten dünsten. Vom Feuer nehmen, auskühlen lassen und im Mixer pürieren.
Kurz vor dem Anrichten den Joghurt, den Rahm und die Korianderblätter unterrühren, mit Salz abschmecken und sanft aufkochen. Auf keinen Fall zum Sieden bringen.

Tomaten-Kokosnusscreme-Suppe

Tamatar Ka Shorba

Diese schnelle, einfache Suppe aus Bombay ist ideal, um weniger experimentierfreudige Esser für die indische Küche zu gewinnen, da es sich dabei um die beliebte Tomatencremesuppe handelt – allerdings mit einem kleinen, feinen Unterschied.

400 g Dosentomaten	1 scharfe grüne Chilischote, entkernt
1 TL Zucker	und fein gehackt
1 TL Salz	30 g Kokosnusscreme, mit ¼ l heissem
1 EL Reismehl	Wasser vermischt
2 EL Pflanzenöl	schwarzer Pfeffer
1 TL gemahlener Koriander	3 EL gehackte Korianderblätter
1 TL gemahlener Kreuzkümmel	
½ TL Cayennepfeffer	

Die Tomaten mit Zucker und Salz kochen, dabei mit einem Löffel etwas zerquetschen, bis sie leicht zerfallen. Zusammen mit dem Reismehl pürieren.
Das Öl erhitzen und darin Koriander, Kreuzkümmel, Cayennepfeffer und Chilischote einige Minuten rösten. Die Kokosnussmilch und die pürierten Tomaten untermengen und unter ständigem Rühren köcheln, bis die Flüssigkeit etwas eindickt. Mit schwarzem Pfeffer abschmecken und vor dem Servieren mit den gehackten Korianderblättchen garnieren.

Kürbis-Zucchini-Kofta
Ghia Kofta

Dieses Rezept stammt aus der heiligen Hindustadt Benares, die berühmt ist für ihre vegetarischen Leckerbissen. Die Brahmanen aus der obersten Kaste der Hindus meiden traditionell nicht nur Fleisch, sondern auch die starken Aromen von Knoblauch und Zwiebel, da diese die Leidenschaften entflammen sollen. Koftas kann man gut auch mit nur einem Gemüse zubereiten.

500 g Kürbis
500 g Zucchini
100 g Zwiebeln, fein gerieben
2 scharfe grüne Chilischoten,
entkernt und fein gehackt
1 cm frische Ingwerwurzel, geschält
und fein gehackt

100 g Kichererbsenmehl
2 EL gehackte Korianderblätter
1 EL gemahlener Kreuzkümmel
1 EL gemahlener Koriander
1 TL Salz
Pflanzenöl zum Fritieren

Kürbis und Zucchini in der Küchenmaschine oder auf der Gemüsereibe in feine Streifen (Julienne) raspeln. Zusammen mit allen übrigen Zutaten vermengen. Aus der Mischung kleine Bällchen formen und für etwa eine Stunde auf ein leicht schräg gestelltes Brett setzen, um den überschüssigen Saft daraus ablaufen zu lassen. Vor dem Fritieren noch verbliebene Flüssigkeit herausdrücken und die Bällchen wieder leicht zurechtformen. In einer tiefen Bratpfanne das Öl auf 190 °C erhitzen und die Koftas jeweils wenige aufs Mal darin ausbacken. Mit einem Schaumlöffel herausheben und auf Haushaltpapier abtropfen lassen. Sofort servieren oder vor dem Servieren nochmals kurz fritieren.

Samosas
Samosas

Wahrscheinlich ist dies der bekannteste indische Imbiss, auch wenn die aufgeweichten Krapfen, die man oft in Geschäften ausserhalb von Indien antrifft, mit knusprigen, frisch zubereiteten Samosas nichts gemeinsam haben. Gewöhnlich füllt man sie mit gehacktem Lammfleisch oder mit Erbsen und Kartoffeln. Ich verwende dafür auch oft eingefrorene Reste von indischen Gerichten, aus denen ich eine trockene Masse herstelle, mit der ich die Samosas fülle; das Hauptgericht darf dann natürlich nicht aus derselben Speise bestehen. Statt dem indischen Teig verwende ich oft lieber den vertrauten Mürbeteig, mit dem sich die Samosas einfacher herstellen lassen.

Teig:
300 g Weissmehl
1 Prise Salz
4 EL Pflanzenöl

Kartoffelfüllung:
2 EL Pflanzenöl
2 TL Kreuzkümmelsamen
1 mittelgrosse Zwiebel, fein gehackt
4 cm frische Ingwerwurzel, geschält und fein gehackt
750 g Kartoffeln, geschält und klein gewürfelt
4 scharfe grüne Chilischoten, entkernt und fein geschnitten
1 TL Salz
250 g enthülste frische oder tiefgekühlte Erbsen
1 TL Cayennepfeffer
3 EL gehackte Korianderblätter

Mehl und Salz in eine Schüssel sieben. Das Öl damit verreiben, bis die Mischung sich wie feine Brotbrösel anfühlt, dann nach und nach 6 EL Wasser hinzufügen und alles zu einem festen Teig verarbeiten. In eingeölte Plastikfolie wickeln und mindestens 30 Minuten ruhen lassen.

In der Zwischenzeit die Füllung herstellen: Das Öl erhitzen und die Kreuzkümmelsamen darin einige Minuten rösten, bis sie in der Pfanne springen, dann die Zwiebel und den Ingwer beigeben und weich dünsten. Die Kartoffelwürfel, die Chilis, das Salz und ungefähr 100 ml Wasser zufügen und zugedeckt köcheln lassen, bis die Kartoffeln gar sind. Gefrorene Erbsen zur Mischung geben und rund 4 Minuten mitkochen. Frische Erbsen brauchen keine weitere Kochzeit. Mit dem Cayennepfeffer und den Korianderblättern abschmecken, dann auskühlen lassen.

Den Teig ausrollen und etwa 18 grosse Rondellen ausstechen oder ausschneiden. Jede Teigscheibe halbieren und zu einer spitz zulaufenden Tüte formen. Die Längskante mit Wasser festkleben und mit einer Gabel andrücken, damit sie gut hält. Die Tüten mit der Kartoffelmischung füllen, jedoch nicht zu prall, da sie sich sonst schwer verschliessen lassen. Die oberen Teigkanten mit Wasser befeuchten, zusammenpressen und mit einer Gabel nochmals gut andrücken.

Die Samosas in heissem Öl schwimmend goldbraun backen. Auf Haushaltpapier abtropfen lassen und sofort servieren.

Fischkroketten

Kofta Shami Machi

Die Herkunft dieser Fischkroketten kenne ich nicht, doch ergeben sie köstliche Cocktail- oder Aperitifhäppchen. Ich reiche sie oft zusammen mit einem Minzchutney.

50 g gespaltene Kichererbsen
4 ganze grüne Kardamomkapseln
2 cm Zimtstange
1 EL weisse Mohnsamen
400 g weisse Fischfilets
Salz
1 EL schwarzer Pfeffer
1 Eiweiss
150 ml Joghurt

Füllung:
25 g Butter
150 g geschälte rohe Garnelen
2 Knoblauchzehen, fein gehackt
2 TL fein gehackter frischer Ingwer
½ TL Ajowan
1 TL schwarzer Pfeffer
Öl zum Braten
Pflanzenöl zum Fritieren

Die Kichererbsen mit Wasser bedeckt etwa eine Stunde einweichen. Die Gewürze mahlen und mit dem Fisch und den abgetropften Kichererbsen in der Küchenmaschine zu einer weichen Masse verarbeiten. Mit etwas Salz und dem Pfeffer abschmecken, Eiweiss und Joghurt untermengen und die Masse eine halbe Stunde kalt stellen.
Für die Füllung die Butter erhitzen und die Garnelen zusammen mit dem Knoblauch und Ingwer darin andünsten. Mit Ajowan, Salz und Pfeffer abschmecken. In der Küchenmaschine grob hacken, aber nicht pürieren.
Die Fischmasse aus dem Kühlschrank nehmen und zu kleinen Bällchen formen. Jedes Bällchen in der Hand flachdrücken, etwas von der Füllung daraufsetzen und gut mit dem Fischteig umhüllen. Wieder zu Bällchen rollen und in heissem Öl schwimmend goldbraun und knusprig backen. Auf Haushaltpapier abtropfen lassen und heiss servieren.

Garnierte Pappadams

Masala Papad

Im Restaurant Tanjore des Hotels Taj in Bombay verliebte ich mich in sie. Gewöhnliche Pappadams wirken seither recht fade für mich.

6 Pappadams (Fladen aus Linsenmehl)
Öl zum Fritieren
frisch geraspelte Kokosnuss
gehackte Korianderblätter
Chilipulver

Das Öl in einer tiefen Bratpfanne auf 180 °C erhitzen. Die Pappadams einzeln einige Sekunden fritieren. Auf Haushaltpapier abtropfen lassen und mit Kokosnussraspeln, Koriander und Chilipulver bestreuen. Sofort servieren.

Hähnchen-Cashewnuss-Spiesse
Reshmi Kebab

Diese schmackhaften Spiesschen stammen aus dem nordwestlichen Grenzgebiet und sind eine ideale Barbecue-Verpflegung. Auf vollendete Art werden sie im Restaurant Bokhara des Maurya Sheraton von Delhi serviert. Sie sind würzig, doch nicht scharf, und die Cashewnüsse geben ihnen eine interessante Konsistenz.

1 kg Hühnerfleisch, ohne Haut und Knochen, gehackt
2 Eier
4 TL Pflanzenöl
1½ TL Cayennepfeffer
1½ TL weisser Pfeffer
2 EL gemahlener Kreuzkümmel
Salz
50 g geschälte Cashewnüsse, gemahlen
1 gehäufter EL fein gehackte Zwiebel
4 cm frischer Ingwer, geschält, fein gehackt
2 EL fein gehackte Korianderblätter
1½ TL Garam Masala

Das Hühnerfleisch mit den verquirlten Eiern, dem Öl, den Gewürzen und Salz vermengen. Die übrigen Zutaten beifügen und alles zu einer festen Masse verarbeiten. Zu sechs Ballen formen und jeden auf einen Fleischspiess stecken. Mit nassen Händen die Masse auf den Spiessen zu einem länglichen Strang formen. Über dem Holzkohlengrill oder im auf 150 °C vorgewärmten Ofen 8 bis 10 Minuten braten, gelegentlich mit etwas Öl bestreichen, damit das Fleisch schön saftig bleibt.

Gemüsekrapfen
Pakora

Diesen schmackhaften Imbiss gibt es überall in Indien, und man scheint ihn zu jeder Tages- und Nachtzeit zu verzehren. Die Krapfen lassen sich gut im voraus zubereiten und dann vor dem Anrichten noch einmal kurz fritieren. Die erste Version, bei der jedes Gemüse einzeln in Teig getaucht wird, eignet sich als Beilage zu einem Hauptgang. Ich serviere die zweite Version, bei der aus gemischtem Gemüse knusprige Bällchen geformt werden, gern als leckere Cocktailhäppchen vor einem Essen.

Erste Version

Teig:
250 g Kichererbsenmehl
½ TL Backpulver
200 ml Wasser
1 TL Ajowan, nach Belieben
1 TL Cayennepfeffer
1 TL Salz

Gemüse:
150 g Blumenkohl
150 g Zwiebeln
150 g Zucchini
150 g Kartoffeln
150 g Auberginen

Pflanzenöl zum Fritieren

Alle Teigzutaten in der Küchenmaschine mischen. Den Blumenkohl in Röschen zerteilen und das übrige Gemüse in etwa ½ cm dicke Scheiben schneiden. Die Kartoffel- und Auberginenscheiben bis zum Gebrauch in kaltes Wasser legen und gut abtrocknen, bevor sie in den Teig kommen.

Das Öl in einer tiefen Bratpfanne auf 190 °C erhitzen, die Gemüsestücke in den Teig tauchen und jeweils nur kleine Mengen auf einmal goldbraun fritieren. Mit einer Schaumkelle herausheben und auf Haushaltpapier abtropfen lassen. Kurz vor dem Anrichten das Öl erneut auf 150 °C erhitzen und die Gemüsekrapfen nochmals 5 Minuten fritieren, bis sie knusprig und dunkelbraun sind. Auf Haushaltpapier abtropfen lassen und servieren.

Zweite Version

Teig:
100 g Kichererbsenmehl
½ TL Backpulver
2 TL gemahlener Kreuzkümmel
2 TL Salz
1 TL Cayennepfeffer
150 ml Wasser
Pflanzenöl zum Fritieren

Gemüse:
100 g Kartoffeln
100 g Zucchini
½ Zwiebel, fein gehackt
2 EL fein gehackte Korianderblätter

Die Teigzutaten in der Küchenmaschine mischen. Die Kartoffeln und Zucchini raspeln und zusammen mit der Zwiebel und dem Koriander untermischen.
Das Öl in einer tiefen Bratpfanne auf 190 °C erhitzen. Aus dem Teig esslöffelgrosse Klösschen formen und ins heisse Öl geben. Sie blähen sich schnell auf und steigen an die Oberfläche. Mit einem Schaumlöffel wenden, damit sie gleichmässig goldbraun werden. Auf Haushaltpapier abtropfen lassen und sofort servieren oder kurz vor Gebrauch nochmals im 150 °C heissen Öl fritieren.

Kaschmir-Fleischbällchen
Goolar Kebab

Diese kleinen leckeren Bällchen erhielten ihren Namen von der wilden indischen Goolar-Feige.

75 g gespaltene Kichererbsen
500 g gehacktes Lammfleisch
1½ EL gehackte Zwiebel
1 EL fein gehackter frischer Ingwer
6 grüne Kardamomkapseln
6 Gewürznelken
4 cm Zimstange
2 Lorbeerblätter
3 Eier
Salz

Füllung:
1 Bund frische Minze
1 Bund Koriander
4 scharfe grüne Chilischoten, entkernt
50 g Rosinen
2 EL abgeriebene Orangen- und Zitronenschale
Salz

2 EL weisser Mohnsamen
Pflanzenöl zum Fritieren

Die Kichererbsen waschen. Das Fleisch zusammen mit den abgetropften Kichererbsen, der Zwiebel, dem Ingwer, den Gewürzen und Lorbeerblättern in einen Topf geben. ½ Liter Wasser zufügen und aufkochen. Sanft köcheln lassen, bis die Hülsenfrüchte gar sind, dann die Hitze erhöhen und die noch verbleibende Flüssigkeit verdampfen lassen, damit die Mischung ganz trocken wird. Die Gewürze und Lorbeerblätter entfernen und die Fleisch-mischung zu einer weichen Masse pürieren. Zwei von den Eiern einarbeiten. Die Masse mit Salz abschmecken und zum Festwerden in den Kühlschrank stellen.
Die Minz- und Korianderblätter im Mixer mit den Chilischoten, Rosinen und der abgeriebenen Zitrusschale zu einer groben Paste verarbeiten. Salzen und in 20 Portionen teilen.
Die Fleischmasse ebenfalls in 20 Portionen teilen und zu Bällchen rollen. Jedes Bällchen in der Hand flachdrücken, mit dem Daumen eine Vertiefung drücken, eine Portion Füllung darauflegen, mit der Fleischmasse umhüllen und erneut zum Bällchen formen.
Falls die Masse zu klebrig ist, die Hände befeuchten.
Das letzte Ei verquirlen. Jedes Fleischbällchen zuerst im Ei, dann in den Mohnsamen wenden. Mindestens eine halbe Stunde kalt stellen, dann portionenweise im heissen Öl fritieren, bis sie rundherum goldbraun sind. Auf Haushaltpapier abtropfen lassen und heiss oder kalt servieren.

Tandoori-Garnelen
Tandoori Jhinga

Auf Spiesschen gesteckt, eignen sich diese Garnelen vorzüglich als Aperitifhappen.

18 rohe, ungeschälte Riesengarnelen
Salz
120 ml Zitronensaft

Marinade:
4 Knoblauchzehen
4 cm frischer Ingwer, geschält
¼ l Joghurt
2 Eier

50 g Kichererbsenmehl
4 TL Cayennepfeffer
1 EL Garam Masala
1 Msp. Asant, nach Belieben
einige Tropfen orangfarbene Lebens-
mittelfarbe, nach Belieben

20 g flüssige Butter zum Bepinseln

Von den Garnelen den Kopf abdrehen, die Garnelen dem Rücken entlang längs einschneiden und den Darm entfernen, die Schwanzschalen aber intakt lassen. Die Garnelen trockentupfen, mit Salz einreiben und mit der Hälfte des Zitronensafts übergiessen.
Knoblauch und Ingwer unter Zugabe von etwas Wasser im Mixer pürieren. Die übrigen Zutaten für die Marinade beigeben und kurz durchmixen. Die Garnelen einige Stunden darin marinieren. Aus der Marinade heben, abtropfen lassen und sämtliche Marinadenreste abstreifen.
Mit genügend Abstand auf sechs Spiesschen stecken und von beiden Seiten grillen, dabei mit der flüssigen Butter bepinseln, damit sie saftig bleiben. Die Garnelen können auch in einer schweren Bratpfanne gebraten werden.
Vor dem Servieren den restlichen Zitronensaft über die Spiesschen träufeln.

Gemüse und Hülsenfrüchte

D ie äusserst vielfältige Tradition der vegetarischen Küche Indiens hat auf viele Köchinnen und Köche des Westens grosse Anziehungskraft. Weil ein grosser Teil der Bevölkerung, besonders im Süden, streng vegetarisch lebt, spielen Gemüse und Hülsenfrüchte in Indien eine wichtige Rolle. Nach der Hindulehre führt erst eine reine Ernährung zu einem reinen Geist. Die Jainas verzichten sogar auf jegliches Wurzelgemüse, da beim Herausziehen der Pflanze aus der Erde Insekten getötet werden könnten. Und einige Strenggläubige meiden selbst alle blutfarbenen Gemüse wie Tomaten und Randen (Rote Bete). Die orthodoxen Brahmanen lehnen Zwiebeln und Knoblauch ab, da diese genauso wie das Fleisch die Leidenschaften entflammen sollen. Solche Einschränkungen haben den Einfallsreichtum in der Küche jedoch nur gefördert.

Neben den vielen auch im Westen erhältlichen Gemüsesorten, entdeckte ich auf dem Markt von Madras unbekanntere, wie zum Beispiel Drumsticks (die Früchte des Pferderettichbaums), Yamsbohnen und einen bitteren Kürbis, den man Diabetikern verabreicht, um den Blutzucker zu senken. Als wichtige Eiweisslieferanten braucht man überall in Indien eine unendliche Vielfalt an Hülsenfrüchten, und grünes Blattgemüse gehört fast zu jeder Mahlzeit. Die Gerichte, in denen Linsen und Gemüse zusammen gekocht werden, bilden eine wunderbar leichte, gesunde vegetarische Nahrung.

Auberginen mit Apfel und Birne
Tsoont Baingan

Bei den Hindus in Kaschmir wird dieses Gericht gewöhnlich im Herbst mit Quitten oder festen Birnen gekocht. Ich mag den Geschmack und die Konsistenz der Verbindung von knackigen, sauren Äpfeln und einer weicheren Birne.

6 mittelgrosse Auberginen
Salz
1 TL Fenchelsamen
1 TL Kurkuma
2 TL Cayennepfeffer
2 herb-saure Äpfel
1 grosse Birne
100 ml Pflanzenöl
1 Msp. Asant, nach Belieben

Die Auberginen in 3 cm dicke Scheiben schneiden, mit Salz bestreuen und mindestens eine Stunde ruhen lassen, damit die Bitterstoffe ausgeschwemmt werden. Die Fenchelsamen mahlen und mit dem Kurkuma und Cayennepfeffer sowie etwas Wasser zu einem Brei mixen.
Die Auberginenscheiben abspülen und trockentupfen.
Die Äpfel und Birne ungeschält in je 8 Schnitze teilen. Das Öl erhitzen, den Asant hineinstreuen und die Obstschnitze darin schnell bräunen. Mit einem Schaumlöffel herausheben und auf Haushaltpapier abtropfen lassen. Dann die Auberginenscheiben portionenweise darin anbraten und ebenfalls abtropfen lassen. Das verbliebene Öl abgiessen und die Äpfel, Birnen und Auberginenscheiben zurück in die Pfanne geben. Sorgfältig die Gewürzpaste unterziehen und 10 bis 15 Minuten sanft köcheln lassen. Nochmals abschmecken.

Auberginen mit Tomaten und Joghurt
Badal Jaam

Dieses Gericht kommt immer gut an. Eine italienische Freundin meint, dass es sich dabei um eine würzigere Version der *Melanzane alla parmigiana,* des klassischen italienischen Auberginengerichts, handeln könnte.

600 ml Joghurt
800 g Auberginen
Salz
Pflanzenöl
100 g Zwiebeln, in Ringe geschnitten
8 Knoblauchzehen, fein gehackt

2½ cm frischer Ingwer, geschält, fein gehackt
400 g Dosentomaten
1 TL Cayennepfeffer
2 EL Zitronensaft
2 EL fein gehackte Korianderblätter

Den Joghurt durch ein Stück Musselin oder in ein feines Sieb mindestens 4 Stunden abtropfen lassen. Die Auberginen in 2 cm dicke Scheiben schneiden und mit Salz bestreuen, damit die Bitterstoffe ausgeschwemmt werden.

In der Zwischenzeit 1½ EL Öl erhitzen und die Zwiebelringe darin sanft anbraten. Zwei Drittel des Knoblauchs, den Ingwer und die Tomaten dazugeben und alles etwas einkochen lassen. Mit Cayennepfeffer und Salz abschmecken.

Die Auberginenscheiben trockentupfen und in Öl auf beiden Seiten braun braten, auf Haushaltpapier abtropfen lassen und dann in eine grosse Gratinform schichten. Die Tomatensauce im Mixer pürieren und über die Auberginen giessen. Die Gratinform mit Alufolie zudecken und die Ränder fest verschliessen. Im 180 °C heissen Ofen 10 bis 15 Minuten schmoren.

Den restlichen gehackten Knoblauch, den Zitronensaft und die Korianderblätter mit dem Joghurt verrühren und vor dem Servieren über die Auberginen geben.

Stielmangold mit Mungbohnen
Kootoo

Dies ist ein Brahmanen-Gericht aus dem Süden. Es lässt sich gut mit den dicken Stielen des Mangolds zubereiten.

200 g gespaltene Mungbohnen
½ TL Kurkuma
200 g Kartoffeln, geschält, gewürfelt
1 kg Mangold, die Stiele in 4 cm lange Stücke,
die Blätter in breite Streifen geschnitten
2 TL Sambhar Masala (siehe Seite 14)
1 Msp. Asant, nach Belieben
Salz
4 scharfe grüne Chilischoten, entkernt
150 g frisch geraspelte Kokosnuss
2 TL Kreuzkümmelsamen
4 EL Pflanzenöl
1 TL schwarze Senfsamen
10 frische oder getrocknete Curryblätter
2 EL fein gehackte Korianderblätter

Die Mungbohnen sehr gut waschen, dann in reichlich Wasser eine Stunde einweichen. Abtropfen lassen und mit dem Kurkuma sowie ½ Liter Wasser in einen Topf geben. Aufkochen, dann die Kartoffeln zufügen. Ungefähr 20 Minuten

halb zugedeckt kochen lassen. Die Mangoldstiele zusammen mit dem Sambhar Masala, dem Asant sowie etwas Salz beifügen und ungefähr 5 Minuten kochen lassen, dann die Mangoldblätter sowie ½ Liter heisses Wasser zugeben.

Die Chilischoten zusammen mit den Kokosnussraspeln, dem Kreuzkümmelsamen und etwas Wasser zu einer dicken Paste pürieren. Unter das Gemüse rühren und noch einige Minuten köcheln lassen. In einer Pfanne das Öl erhitzen, die Senfsamen und Curryblätter darin rösten, bis die Senfsamen springen.Unter das Gemüse mengen und mit dem Koriander bestreuen.

Gemischtes Gemüse in Kokosmilch
Avial

Dies ist zu einem meiner Lieblingsgerichte geworden. Es lässt sich mit praktisch jeder Kombination von Gemüse herstellen. Traditionell wird dazu «Ven Pongal»-Reis serviert, doch passt jeder andere Reis ebensogut. Im Sinne einer gesunden Ernährung habe ich die Zubereitung leicht geändert, um das ursprüngliche Fritieren zu umgehen. Dieses Gericht ass ich zum erstenmal auf dem Rasen vor dem Hotel Malabar in Cochin und schaute dabei den Reisbooten zu, wie sie an noch grösseren Booten, beladen mit exotischen Gewürzen, vorüberglitten.

1 Kürbisschnitz von etwa 200 g
6 Zucchini
3 Karotten
3 Peperoni (Gemüsepaprika)
2 grosse Auberginen
1 Kartoffel
10 grosse grüne Bohnen
Salz
2 scharfe grüne Chilischoten, entkernt
50 g frisch geraspelte Kokosnuss
3 Knoblauchzehen
50 g Kokosnusscreme, mit ¼ l heissem Wasser verdünnt
6 frische oder getrocknete Curryblätter

Die Gemüse wenn nötig schälen und in 5 cm lange Stäbchen schneiden. In gesalzenem Wasser eine Sorte nach der anderen blanchieren, bis sie knapp gar und noch knackig sind. Die Kochflüssigkeit aufbewahren.
Die Chilischoten mit den Kokosnussraspeln, dem Knoblauch und etwas Wasser im Mixer pürieren. Zur Gemüsebrühe geben, die Kokosnussmilch unterrühren und bis vors Sieden bringen. Das gekochte Gemüse und die Curryblätter beifügen und abschmecken. Nochmals etwa 5 Minuten sehr sanft köcheln lassen.

Gewürzte Kartoffeln
Aloo Dum

500 g kleine Kartoffeln
2 EL Pflanzenöl
3 Gewürznelken
1 Lorbeerblatt
2 grüne Kardamomkapseln
1 TL Kurkuma
1 TL Salz
2 scharfe grüne Chilischoten,
entkernt

1 mittelgrosse Zwiebel
3 Knoblauchzehen
2 cm frische Ingwerwurzel, geschält
1 EL Zitronensaft
3 cm Zimtstange

Garnitur:
1 TL Garam Masala
100 ml Joghurt

Die Kartoffeln in der Schale in wenig Salzwasser 10 Minuten kochen. Gut abtropfen lassen
und mit einer Nadel rundum einstechen.
Das Öl in einer Pfanne erhitzen und die Gewürznelken, das Lorbeerblatt und die Kardmomkapseln darin etwas anrösten, dann das Kurkuma und das Salz beifügen. Die Chilischoten
mit der Zwiebel, dem Knoblauch, Ingwer und Zitronensaft im Mixer pürieren. Die Paste
zu den gerösteten Gewürzen geben, vermengen und etwa 10 Minuten köcheln lassen.
50 ml Wasser, die Zimtstange und die Kartoffeln zufügen, die Pfanne fest verschliessen, und
die Kartoffeln weitere 10 Minuten kochen. Kurz vor dem Anrichten das Garam Masala,
den Joghurt und die Korianderblättchen darüber verteilen.

Scharfes Auberginen-Curry
Kathrikai Kara Kuzhambu

Dieses würzige Gemüsegericht stammt aus Madras. Ich serviere es immer nur
in kleinen Mengen, fast wie Pickles. Ist Ihnen das Curry zu scharf, mischen Sie einfach
ein paar Löffel Joghurt darunter.

600 g Auberginen
Salz
4 EL Pflanzenöl
1 EL Bockshornkleesamen
(Griechisch Heu)
1 EL Fenchelsamen
1 grosse Zwiebel, gehackt
4 grosse Knoblauchzehen, gehackt

1 EL gespaltene Mungbohnen
4 frische oder getrocknete Curryblätter
1 EL Chilipulver
2 EL gemahlener Koriander
1 TL Kurkuma
125 g Tomaten, geschält, gehackt
25 g Tamarindenmark (siehe Seite 13)

Die Auberginen in kleine Würfel schneiden, mit Salz bestreuen und eine Stunde
ruhen lassen, damit die Bitterstoffe ausgeschwemmt werden. Das Öl erhitzen und die Bocks-
hornklee- und Fenchelsamen darin rösten, bis sie knistern. Dann die Zwiebel, den Knoblauch,
die Mungbohnen und Curryblätter zugeben und weiterrösten, bis die Zwiebel zu bräunen
beginnt. Die gemahlenen Gewürze, die Tomaten und das Tamarindenmark daruntermischen.
Die Auberginenwürfel trockentupfen, ebenfalls zufügen und sanft garen; darauf achten, dass sie
nicht verkochen. Dieses Gericht lässt sich sowohl heiss als auch kalt servieren.

Gemüse-Hülsenfrüchte-Topf aus Gujarat
Gujarati Dal

Dieses Gericht stammt aus Ahmedabad, der Hauptstadt von Gujarat, einer Bastion der Jainas, die traditionell kein Fleisch essen. Dafür haben sie viele subtil gewürzte Gemüse-Eintöpfe erfunden. Sollten Sie nicht alle hier aufgeführten Hülsenfrüchte bekommen, behelfen Sie sich einfach mit den zur Verfügung stehenden. Ganz nach Lust können Sie noch etwas gehackte Zwiebel oder Knoblauch hinzufügen.

50 g gespaltene Kichererbsen
50 g indische braune Linsen
50 g geschälte, gespaltene Mungbohnen
50 g gelbe Linsen
2 scharfe grüne Chilischoten, entkernt
2 EL frischer, gehackter Ingwer
1 TL Kurkuma
3 EL Pflanzenöl
1 TL schwarze Senfsamen
1 TL Kreuzkümmelsamen
½ TL Asant, nach Belieben

250 g Tomaten, geschält, gehackt
200 g Zucchini, in breite Streifen geschnitten
200 g Auberginen, in breite Streifen geschnitten
200 g Peperoni (Gemüsepaprika), in breite Streifen geschnitten
1 EL Zitronensaft
Salz
2 EL gehackte Korianderblätter

Die Hülsenfrüchte waschen und in reichlich Wasser mehrere Stunden einweichen, dann abtropfen lassen und mit den Chilischoten, dem Ingwer, Kurkuma und ¾ Liter Wasser in einem Topf aufsetzen. Köcheln, bis sie weich sind, dann auskühlen lassen und im Mixer pürieren. Das Öl erhitzen und die Senfsamen darin rösten (einen Deckel auflegen, damit sie nicht herausspringen). Nach einigen Sekunden die Kreuzkümmelsamen, den Asant und sämtliche Gemüse zufügen, einige Minuten dünsten. Dann das Hülsenfrüchtepüree untermischen. Sanft köcheln lassen, bis das Gemüse gar, aber nicht zerkocht ist. Mit Zitronensaft und Salz abschmecken und mit den Korianderblättern bestreuen. Dieses Gericht schmeckt aufgewärmt ebensogut.

Spinat-Bohnen-Püree
Keerai Massial

Dieses delikate Gemüsegericht stammt aus dem Chetti-Restaurant Rain Tree in Madras.
Es bildet einen milden Gegensatz zu eher feurigeren Speisen.

100 g geschälte, gespaltene Mungbohnen
2 EL Pflanzenöl
1 EL Kreuzkümmelsamen
1 grosse Zwiebel, gehackt
4 Knoblauchzehen, gehackt
2 scharfe grüne Chilischoten, entkernt, gehackt
500 g frischer Spinat, gewaschen, grob gehackt
Salz
25 g Butter, flüssig

Die Mungbohnen waschen und in ¼ Liter Wasser kochen, bis sie weich, aber nicht breiig sind.
Das Öl erhitzen und die Kreuzkümmelsamen darin rösten, bis sie knistern. Zwiebel,
Knoblauch und Chilischoten zufügen und durchdünsten. Den Spinat untermischen und
bei sanfter Hitze kochen, bis er zusammenfällt. Die Bohnen dazugeben und alles zu einem Brei
zerstampfen. Eine Weile ruhen lassen, damit sich die Aromastoffe verbinden. Kurz vor
dem Anrichten mit Salz abschmecken und mit der flüssigen Butter begiessen.

Die fünf Juwelen des Punjab
Punj Rattani Dal

Für diese Delikatesse aus dem Punjab werden traditionell fünf verschiedene Hülsenfrüchte verwendet, doch lässt sie sich sehr gut mit jeder anderen Kombination oder auch
nur mit einer Sorte zubereiten.

50 g geschälte, gespaltene Mungbohnen
50 g geschälte, gespaltene Urdbohnen
50 g halbierte indische braune Linsen
50 g gelbe Linsen
50 g gespaltene Kichererbsen
1 grosse Zwiebel
4 Knoblauchzehen
3 cm frische Ingwerwurzel, geschält
2 scharfe grüne Chilischoten, entkernt
2 EL Pflanzenöl
1 TL Kurkuma
2 TL gemahlender Koriander
½ TL Cayennepfeffer
1 TL gemahlener Kreuzkümmel
Salz
30 g Butter
2 Tomaten, geschält, gehackt
1 TL Garam Masala
100 ml Joghurt
2 EL gehackter Koriander

Die Hülsenfrüchte waschen und in reichlich Wasser mehrere Stunden einweichen,
dann abtropfen lassen.
Die Zwiebel, den Knoblauch, den Ingwer und die Chilischoten zu einer
Paste verarbeiten. Das Öl erhitzen und die Paste darin 5 Minuten dünsten. Die Hülsenfrüchte zugeben, gründlich vermengen und mit 2 Liter Wasser ablöschen. Aufkochen,
dann den Kurkuma, Koriander und Cayennepfeffer unterrühren. Köcheln,
bis die Hülsenfrüchte gar sind und die Flüssigkeit auf die Hälfte
eingekocht ist. Mit Kreuzkümmel und Salz nachwürzen.
In einem andern Pfännchen die Butter schmelzen, die Tomaten, Garam Masala
und den Joghurt hinzugeben und etwa 10 Minuten kochen. Über die Hülsenfrüchte
giessen und mit dem Koriander bestreuen.

Gefüllter Kürbis

Kaddu

1 kleiner Kürbis von etwa 1½ kg
Salz
1 EL Pflanzenöl
1 TL Senfsamen
1 grosse Zwiebel, gehackt
4 Knoblauchzehen, gehackt
2 scharfe grüne Chilischoten, entkernt, gehackt
1 TL gemahlener Kreuzkümmel
2 TL gemahlener Koriander
2 TL Kurkuma
200 g gemischtes Gemüse (z.B. Erbsen, Bohnen)

Sauce:
1 EL Pflanzenöl
1 mittelgrosse Zwiebel, gehackt
2 Knoblauchzehen, gehackt
250 g Tomaten, geschält, gehackt
200 ml Joghurt
2 EL gehackte Korianderblätter

Den Kürbis halbieren und die Kerne auskratzen, die Kürbishälften mit Salz
bestreuen. Das Öl erhitzen und die Senfsamen darin rösten, bis sie springen. Zwiebel,
Knoblauch, Chilischoten, die Gewürze und das Gemüse untermischen. Salz und
ein wenig Wasser hinzugeben und kochen, bis das Gemüse gar ist. Die Mischung
sollte am Schluss recht trocken sein. Das Gemüse in die Kürbishälften füllen,
mit Alufolie bedecken und im vorgeheizten Ofen bei 200 °C 1 Stunde backen.
Für die Sauce das Öl erhitzen und darin Zwiebel und Knoblauch glasig dünsten.
Die Tomaten und nach 5 Minuten den Joghurt beifügen, salzen. Die Sauce
vor dem Servieren über die gefüllten Kürbishälften giessen und mit den Korianderblättern bestreuen.

Blumenkohl
Gobi Masala

1 grosser Blumenkohl
1 EL Pflanzenöl
1 TL schwarze Senfsamen
1 TL gemahlener Koriander
1 TL Cayennepfeffer
1 TL Kurkuma

2 EL Kichererbsenmehl
120 g Kokosnusscreme, mit 200 ml
heissem Wasser verdünnt
Salz
1 EL gehackte Korianderblätter

Den Blumenkohl in Röschen zerteilen. Das Öl erhitzen und die Senfsamen darin rösten, bis sie springen. Den Blumenkohl beigeben und unter Rühren einige Minuten dünsten.
Die übrigen Gewürze mit dem Kichererbsenmehl und der Kokosnussmilch zu einer Paste mixen und unter den Blumenkohl mischen. Den Topf zudecken und den Blumenkohl gar, aber noch knackig dünsten. Mit den Korianderblättchen bestreut servieren.

Zuckermais
Makai

1 EL Pflanzenöl
1 grosse Zwiebel, fein gehackt
3 frische scharfe Chilischoten, entkernt,
in feine Ringe geschnitten
1 TL gemahlener Koriander
1 TL gemahlener Kreuzkümmel

300 g Zuckermaiskörner, vom Kolben
gelöst
200 ml Joghurt
Salz
100 ml Rahm
½ TL Cayennepfeffer

Das Öl erhitzen und darin die Zwiebel und die Chiliringe glasig dünsten. Den Koriander und Kreuzkümmel hinzufügen und kurz mitdünsten. Die Maiskörner untermengen. Den Joghurt mit 1 EL Wasser vermischen, unterrühren und etwas salzen. Sobald die Maiskörner weich sind, den Rahm unterziehen und mit Cayennepfeffer bestreuen. Heiss servieren.

Fisch und Meeresfrüchte

FISHERMEN AT KOVALEM   R BUDWIG

Vor Jahren wagte ich mich einmal in Kovalem am Silvestermorgen mit den einheimischen Fischern in einem ihrer leichten Boote hinaus. Unser Bootsmann kaufte von einem anderen Fischerboot einen Hummer und Muscheln, und als wir zu einem verlassenen Strand kamen, machten wir ein Feuer. Den Durst löschten wir mit Kokosnüssen aus den hohen Baumkronen, die Meeresfrüchte brieten wir ohne jegliche Beigabe von Gewürzen oder Salz über dem Feuer. Sie schmeckten so gut, dass ich mich stets daran erinnere, wenn ich in Indien Fisch esse.

Die lange Küstenlinie und die Flüsse des Landes liefern eine Fülle von Fischen, auf dem Fischmarkt von Madras sah ich eine verwirrende Auswahl bis hin zum Babyhai. Jede Region hat ihre eigene Spezialität für Fische und Meeresfrüchte.

Goa-Muscheln
Teesryo

Dies ist ein einfaches Gericht aus Goa. In Indien macht man es gewöhnlich mit kleinen Herzmuscheln, ich ziehe Venusmuscheln vor.

1 kg Muscheln	2 TL Kurkuma
3 EL Pflanzenöl	2 EL gemahlener Koriander
4 Knoblauchzehen, gehackt	1 TL Cayennepfeffer
4 cm frische Ingwerwurzel, geschält, gehackt	Salz
	100 g frische Kokosnussraspel
1 grosse Zwiebel, gehackt	1 EL Zitronensaft
2 scharfe grüne Chilischoten, entkernt, gehackt	1 EL gehackte Korianderblätter

Die Muscheln gründlich waschen. Das Öl erhitzen und darin den Knoblauch, den Ingwer, die Zwiebel und Chilis goldbraun anrösten. Kurkuma, Koriander und Cayennepfeffer untermischen, und nach einigen Minuten die Muscheln zusammen mit etwas Salz hinzufügen. Ungefähr 10 Minuten zugedeckt köcheln lassen; die Muscheln öffnen sich dabei. Die Muscheln anrichten. Die Kokosnussraspel und den Zitronensaft darüber verteilen und mit den Korianderblättchen bestreuen.

Tandoori-Hummer

Eine einfache, aber köstliche Art, Hummer zu servieren.

2 lebende Hummer	1 Ei
6 Knoblauchzehen	5 TL Ajowan
5 cm frische Ingwerwurzel, geschält	2 TL Garam Masala
2 EL Zitronensaft	1 TL gemahlener Pfeffer
150 ml Rahm	1 TL Salz
50 g Kichererbsenmehl	40 g Butter zum Bestreichen

Die Hummer Kopf voran in sprudelnd kochendes Wasser tauchen. Nach 2 Minuten herausnehmen, längs halbieren und den Darm entfernen. Das Fleisch aus der Schale lösen und diese beiseite legen.
Alle übrigen Zutaten, ausser der Butter, zu einer Paste mixen, die Hummerstücke damit einreiben und 5 bis 6 Stunden marinieren. Das Fleisch in die Schalen zurückgeben und mit der Butter bestreichen. Im vorgeheizten Ofen bei 180 °C 15 Minuten braten.

Garnelen in Kokosnussmilch

Verra Moolee

100 ml Pflanzenöl
1 grosse Zwiebel, fein gehackt
4 Knoblauchzehen, fein gehackt
4 cm frische Ingwerwurzel, geschält,
fein gehackt
4 scharfe grüne Chilischoten, entkernt,
fein gehackt

2 EL gemahlener Koriander
1 TL Kurkuma
½ l Kokosnussmilch (siehe Seite 15)
Salz
1 kg grosse rohe Garnelen mit der Schale
3 EL gehackte Korianderblätter

Das Öl erhitzen und die Zwiebel darin golden rösten. Knoblauch, Ingwer und die Chilis beigeben und etwa 5 Minuten mitdünsten. Die Gewürze und nach einigen Sekunden die Kokosnussmilch beifügen. 15 Minuten köcheln lassen, bis die Sauce ein wenig eindickt, dann salzen. Die Garnelen schälen, am Rücken längs einschneiden und den Darm entfernen. Trockentupfen, in die Kokosnusssauce geben und 10 Minuten sanft köcheln lassen. Kurz vor dem Anrichten mit den Korianderblättern bestreuen.

Fisch in Tomatensauce

Machi Hazur Pasand

25 g indische geklärte Butter (Ghee)
oder Butter
1 TL gemahlener Bockshornklee
(Griechisch Heu)
4 Knoblauchzehen, fein gehackt
4 cm frische Ingwerwurzel, geschält,
fein gehackt
1 EL gemahlener Koriander
1 EL gemahlener Kreuzkümmel
1 TL Kurkuma

400 g Dosentomaten
1 TL Paprikapulver
4 EL Rahm
¼ l Joghurt
1 weisses Fischfilet von 1 kg
½ TL Salz
¼ TL Cayennepfeffer
1 EL Weissweinessig
feine Zitronenscheiben zum Garnieren

Die Butter erhitzen und den Bockshornklee, den Knoblauch und Ingwer darin goldbraun rösten. Koriander, Kreuzkümmel, Kurkuma und die Tomaten hinzufügen. Den Paprika, Rahm, Joghurt und ungefähr 350 ml Wasser unterrühren, zum Kochen bringen und auf die Hälfte einköcheln lassen. Im Mixer zu einer glatten Sauce pürieren.
Das Fischfilet in eine lange ofenfeste Form legen. Mit Salz und Cayennefeffer bestreuen, mit dem Essig beträufeln und im 200 °C heissen Ofen garen, bis der Essig verdunstet ist. Dann die Tomatensauce über den Fisch giessen, die Hitze auf 180 °C reduzieren und 30 Minuten weitergaren. Mit den Zitronenscheiben garnieren und nochmals für 7 Minuten in den Ofen schieben. Heiss servieren.

Muscheln mit Kokosnuss
Thisra

Dieses köstliche Muschelgericht aus Goa erhält seinen Charakter von den Gewürzen und der frischen Kokosnuss.

1 kg Muscheln
4 EL Pflanzenöl
1 TL Kreuzkümmelsamen
1 mittelgrosse Zwiebel, fein gehackt
6 Knoblauchzehen
3 cm frische Ingwerwurzel, geschält

2 scharfe grüne Chilischoten, entkernt, gehackt
1 TL Kurkuma
200 g frische Kokosnussraspel
1 TL Salz

Die Muscheln unter fliessendem Wasser gründlich bürsten. Das Öl erhitzen und die Kreuzkümmelsamen darin rösten, bis sie zu knistern beginnen. Die Zwiebel zufügen und glasig dünsten. Den Knoblauch und Ingwer mit etwas Wasser zu einem Brei zerdrücken, zur Zwiebel geben und nach einigen Minuten die Chilis und den Kurkuma unterrühren. Die Kokosnussraspel, das Salz und etwa 300 ml Wasser hinzugeben, 5 Minuten köcheln lassen, dann die Muscheln in den Schalen beifügen. Alles gut mischen und weitere 5 Minuten oder bis alle Muscheln geöffnet sind, köcheln lassen.

Riesengarnelen vom Grill
Jheenga Kebab

Diese Garnelen erhalten ihren wunderbaren Geschmack dadurch, dass sie zuerst mehrere Stunden in einer aromatischen Sauce mariniert und dann auf dem Holzkohlengrill gegart werden.

1½ kg rohe Riesengarnelen	**4 cm frische Ingwerwurzel, geschält**
125 ml Joghurt	**2 scharfe grüne Chilischoten**
3 EL Zitronensaft	**1 TL Cayennepfeffer**
1 grosse Zwiebel	**Salz und schwarzer Pfeffer**
4 Knoblauchzehen	

Die Garnelen schälen und den Darm entfernen. Am Rücken einen tiefen Schnitt anbringen, um die Garnelen aufzuklappen und flachzulegen. Die übrigen Zutaten, ausser Salz und Pfeffer, zu einer Paste verarbeiten und die Garnelen darin mehrere Stunden einlegen. Dann die überschüssige Marinade abstreifen, die Garnelen mit Salz und Pfeffer würzen und auf dem Grill beidseitig schnell braten.

Parsische Fischpäckchen

Patrani Machi

Dieses leichte, delikate parsische Gericht wird traditionell mit den Filets der Brachsenmakrele
zubereitet, die gefüllt und in Bananenblättern gedämpft werden. Um ein ähnliches
Ergebnis zu erhalten, wickle ich den Fisch in grosse Spinatblätter und anschliessend in Alufolie.
Die duftenden grünen Päckchen wirken äusserst elegant. Ich serviere sie oft als Hauptgang
zusammen mit westlichen Gerichten.

6 weisse Fischfilets
Salz
6 EL Weissweinessig
6 grosse grüne Blätter von Spinat
oder Mangold
4 scharfe grüne Chilischoten, entkernt
100 g frische Kokosnussraspel
50 g Korianderblätter

4 Knoblauchzehen
1 EL Koriandersamen
1 EL Kreuzkümmelsamen
1 TL Cayennepfeffer
1 EL Zucker
4 EL Zitronensaft
dünne Zitronenscheiben zum Garnieren

Die Fischfilets waschen und trockentupfen, salzen, mit dem Essig beträufeln und 1 Stunde
marinieren. Wenn die Filets dick genug sind, als Taschen einige schräge Schnitte anbringen.
Die Spinat- oder Mangoldblätter in siedendes Wasser tauchen, gründlich abtropfen
lassen, trockentupfen und beiseite legen.
Die Chilischoten mit den übrigen Zutaten im Mixer zu einer weichen Paste verarbeiten.
Die Fischfilets trockentupfen und auf beiden Seiten dick mit der Paste bestreichen,
die Paste dabei in die eingeschnittenen Taschen pressen. Jedes Filet auf ein Spinat- oder
Mangoldblatt legen, aufrollen und dann fest in Folie einpacken. In einem Topf mit
Dämpfeinsatz oder auf einem Backblech im 180 °C heissen Ofen ungefähr 15 Minuten garen.
Die Folie entfernen und die Fischpäckchen mit Zitronenscheiben garnieren.

Fischspiesse vom Grill
Seekh Ki Machali

Als ich dieses Gericht zum erstenmal probierte, sass ich neben einem Holzkohlenfeuer im Garten des Hotels Taj Mahal in Delhi, und die frische Nachtluft war erfüllt von den Klängen einer amerikanischen Marineband, die Glenn Miller spielte. Diese überraschende Kombination gab der Speise noch eine besondere Würze, doch schmeckte sie später zu Hause ohne Musik ebensogut.

500 g fester weissfleischiger Fisch
1 TL Salz
6 Knoblauchzehen
4 cm frische Ingwerwurzel, geschält
150 ml Joghurt
1 EL Garam Masala
1 EL gemahlener Koriander
1 TL Cayennepfeffer
1 EL Pflanzenöl
1 Zitrone, in Schnitze geschnitten
2 scharfe grüne Chilischoten, entkernt,
in hauchdünne Ringe geschnitten

Den Fisch filetieren und häuten, dann in 4 cm grosse Würfel schneiden. Etwa je fünf Fischwürfel auf einen Spiess stecken und mit Salz bestreuen. Den Knoblauch, Ingwer, Joghurt und die Gewürze zu einer Paste verarbeiten, über die Fischspiesse geben und diese einige Stunden marinieren. Die Fischspiesse auf dem Grill braten. Bei Bedarf mit etwas Öl beträufeln. Mit Zitronenschnitzen und den Chiliringen garnieren.

Goa-Fischcurry
Goan Machi

Überall an der Konkanküste werden Fische und Meerestiere in einer scharfen, süss-sauren Kokosnusssauce gekocht. Die Kokum-Frucht gibt dem Gericht zusammen mit der Tamarinde Säure, doch gelingt das Curry ebensogut mit Limonen oder Zitronen als Ersatz.
Der Geschmack des Gerichts ist noch besser, wenn man den Fisch schon am Vortag zubereitet.

750 g weisse Fischfilets
1 TL Kurkuma
Salz
2 TL Zitronensaft
3 getrocknete scharfe rote Chilischoten, entkernt
1 TL Kreuzkümmelsamen
2 EL Koriandersamen
1 TL schwarze Pfefferkörner
6 Knoblauchzehen
3 cm frische Ingwerwurzel, geschält

250 g frische Kokosnussraspel
1 grosse Zwiebel, gehackt
2 EL Pflanzenöl
150 ml Tamarindensaft (siehe Seite 13)
5 Kokums oder das gehackte Fruchtfleisch von ½ Limone oder Zitrone
200 g Tomaten, geschält, gehackt
3 scharfe grüne Chilischoten, entkernt, gehackt

Den Fisch mit Kurkuma und etwas Salz bestreut und mit dem Zitronensaft beträufelt einige Stunden marinieren.
Die getrockneten roten Chilischoten mit den Kreuzkümmel- und Koriandersamen und den Pfefferkörnern sehr fein mahlen, anschliessend mit dem Knoblauch, dem Ingwer und den Kokosnussraspeln im Mixer zu einer weichen Paste verarbeiten. Die Zwiebel im heissen Öl goldbraun rösten, die Gewürzpaste hinzugeben und 10 Minuten sanft durchziehen lassen. 1 Liter kochendes Wasser dazugiessen und 20 Minuten köcheln lassen. Dann den Fisch mitsamt der Flüssigkeit, dem Tamarindensaft und den Kokums oder dem Zitrusfruchtfleisch beifügen. Auf sanftem Feuer 10 Minuten garen.
Zuletzt die Tomaten und Chilischoten daruntermischen.

Geflügel

Obwohl Enten, Gänse, Rebhühner und Wachteln in der indischen Küche sehr verbreitet sind, stehen Huhn und Hähnchen an der Spitze der Popularität. Früher waren sie sehr teuer und Festen und besonderen Gelegenheiten vorbehalten. Heute sind sie durch die intensivere Haltung günstiger geworden, aber ein Hühnergericht gilt noch immer als etwas Ausgefallenes.

Tandoori-Hähnchen, ursprünglich aus dem Nordwesten Indiens stammend, inzwischen aber überall beliebt, gelingt richtig eigentlich nur im traditionellen Tandoor-Lehmofen, der ihm den typischen rauchigen Geschmack verleiht. Für Europäer, die ein ähnliches Resultat erzielen wollen, gibt es im Handel verschiedene gebrauchsfertige Gewürzmischungen mit Anleitungen zum Marinieren und Braten im Ofen. Im folgenden jedoch habe ich mich auf die beliebtesten Geflügelrezepte konzentriert, die in der internationalen Küche Furore machen können.

Huhn mit Aprikosen
Murg Khumani

Vor über tausend Jahren flohen die wegen ihres Glaubens verfolgten Parsen aus ihrem
Heimatland Persien. Sie liessen sich in Gujarat und Bombay nieder und gelobten, zu Ehren des
Hindu-Raja von Sanjan, der ihnen Asyl gewährt hatte, nie mehr Rindfleisch zu essen.
Noch heute halten sie sich an dieses Versprechen, doch hat es sie auch nie im geringsten daran
gehindert, ihre Mahlzeiten üppig zu gestalten. Von den Parsen heisst es, man könne sie
in zwei Gruppen einteilen: jene, die gutes Essen lieben, und jene, die gern essen. Zwei grosse
parsische Küchenchefs, Cyrus Elavia und Cyrus Todiwala, zeigten mir die Zubereitung
verschiedener Spezialitäten, dazu zählt auch dieses Hähnchengericht mit Aprikosen, das neben
vielen anderen Köstlichkeiten oft bei indischen Hochzeitsfesten gereicht wird.

1 Hähnchen oder Hähnchenteile von 1½ kg
6 Gewürznelken
6 grüne Kardamomkapseln
4 cm Zimtstange
2 TL Kreuzkümmelsamen
2 Knoblauchzehen, fein gehackt
2 cm frische Ingwerwurzel, geschält, fein gehackt
2 TL Salz
120 g getrocknete Aprikosen
2 EL Pflanzenöl
3 mittelgrosse Zwiebeln, fein geschnitten
4 scharfe grüne Chilischoten, entkernt, fein gehackt
1 grosse reife Tomate, gehackt, oder 4 TL Tomatenpüree
2 TL Zucker
2 EL Weissweinessig

Das Hähnchen häuten und in acht Portionenstücke zerlegen. Die Gewürze mahlen
und mit dem Knoblauch und Ingwer mischen. Das Hähnchen mit dem Salz und der Hälfte
der Gewürzmischung einreiben und mehrere Stunden an einem kühlen Ort ruhen lassen.
Die Aprikosen in 300 ml Wasser kochen, bis sie weich sind, aber noch nicht zerfallen.
Das Öl erhitzen und die Zwiebeln darin goldbraun rösten. Die Chilis und die restliche
Gewürzmischung und anschliessend die Hähnchenteile hinzugeben und darin unter Wenden von
allen Seiten anbraten. Die Tomate oder das Tomatenpüree und etwas Wasser unterrühren
und bei schwacher Hitze rund 30 Minuten köcheln lassen. Den Zucker und Essig zufügen und
weitere 15 Minuten kochen. Die Aprikosen mit dem Saft unterheben und alles mindestens
eine Stunde ruhen lassen, damit die Aromen sich verbinden. Vor dem Anrichten erneut
aufkochen. Dieses Gericht wird traditionell mit Strohkartoffeln (siehe Seite 90)
serviert, ich aber ziehe Duftreis vor.

Hühnerbrust mit Safran und Mandeln
Murgh Wajid Ali

Der letzte Herrscher von Lakhnau, Wajid Ali Shah, wurde wegen seiner hemmungslosen Ausschweifungen zur Legende. Sein extravaganter Hof widerhallte von klagenden Liebesgesängen, den Ghaselen, und die Tänzerinnen waren für ihre Kultiviertheit und ihren Esprit berühmt. Wajid Ali war ein grosser Feinschmecker, und so lieh er auch diesem raffinierten Partygericht seinen Namen.

6 Hühnerbrüste, ohne Haut und Knochen

Marinade:
3 Knoblauchzehen, fein gehackt
2 cm frische Ingwerwurzel, geschält, fein gehackt
1 TL Garam Masala
1 TL Salz
½ TL Paprika
3 TL Pflanzenöl

Füllung:
4 scharfe grüne Chilischoten, entkernt
1 grosse Zwiebel
4 cm frische Ingwerwurzel, geschält
2 EL Korianderblätter

2 EL Zitronensaft
1 TL Salz
100 g Ricotta oder Cottage Cheese

Sauce:
50 g geschälte Cashewnüsse
1 EL getrocknete Kokosnussraspel
2 Knoblauchzehen
2 cm frische Ingwerwurzel, geschält
2 EL Pflanzenöl
1 kleine Zwiebel, fein gehackt
200 ml Joghurt
Salz
1 TL Garam Masala
1 TL Safranfäden

Alle Zutaten zur Marinade vermischen. Die Hühnerbrüste damit einreiben und eine Stunde stehen lassen.

Alle Zutaten für die Füllung im Mixer zu einer Paste verarbeiten.

Für die Sauce die Cashewnüsse und Kokosnussraspel mit 100 ml Wasser zu einer Paste mixen. Knoblauch und Ingwer mit 1 TL Wasser ebenfalls zu einer Paste verarbeiten. Das Öl erhitzen, die Zwiebel darin glasig dünsten, dann die Knoblauch-Ingwer-Paste zugeben, gut durchbraten und anschliessend die Cashewnuss-Paste untermengen und alles 5 Minuten köcheln lassen. Den Joghurt, etwas Salz, das Garam Masala und die in wenig Milch eingeweichten Safranfäden beifügen. Die Sauce warm halten.

Die Hühnerbrüste aus der Marinade nehmen, auf jede etwas von der Füllung geben und das Fleisch aufrollen. Mit der Nahtseite nach unten in eine gebutterte Backform legen, mit Alufolie zudecken und im 180 °C heissen Ofen 15 Minuten braten, bis das Fleisch etwas Farbe annimmt. Vorsichtig auf eine Servierplatte heben und mit der Sauce beträufeln. Mit Mandelblättchen garnieren.

Kaschmir-Ente
Batak Kashmiri

Für jedes Volk, das im Laufe der Jahrhunderte über Indien herrschte, war Kaschmir
ein Paradies auf Erden. Der grosse Mogul Jahangir, dessen Name
«Eroberer der Welt» bedeutet, murmelte auf dem Sterbebett als letzten Wunsch:
«Kaschmir, nur Kaschmir.» Spätere Herrscher genossen, was die Berge und Seen an
Beute lieferten. Das folgende Rezept verbindet die einheimische Wildente
mit Walnüssen und Kirschen. Es handelt sich um eine interessante Abwandlung des
bekannten Gerichts «Canard à l'orange». Es enthält keine scharfen Gewürze.

2 EL Pflanzenöl
1 mittelgrosse Zwiebel, fein gehackt
300 g Walnusskerne
150 g frische oder eingemachte entsteinte
schwarze Kirschen
1 EL Zitronensaft
1 Ente von 1,2 kg oder Portionsstücke von etwa 1½ kg
Salz
2 cm Zimtstange

1 EL Öl erhitzen und die Zwiebel darin glasig dünsten. 8 Walnusskerne klein zerstückeln, die übrigen fein mahlen. Die gemahlenen Walnüsse zu den Zwiebeln geben, mit 200 ml Wasser ablöschen und 20 Minuten köcheln lassen. Von den Kirschen etwa 8 für die Garnitur aufbewahren, die restlichen mit dem Zitronensaft pürieren.

Die Ente in kleine Stücke zerlegen und im restlichen Öl braten. Salz und die Zimtstange hinzufügen und die zerstückelten Walnüsse daruntermischen. Noch etwas Wasser dazugiessen und zugedeckt ungefähr 30 Minuten schmoren. Das Kirschenpüree unterrühren und weitere 10 Minuten köcheln lassen. Dann etwa eine Stunde warm halten, damit die Ente die Aromen aufnimmt. Vor dem Servieren mit den ganzen Kirschen garnieren.

Ente mit Cashewnüssen
Vath

In Kerala gibt es eine kleine Gemeinschaft von syrischen Christen. Um das Jahr 52 n. Chr. soll der Apostel Thomas Didymus Kerala besucht und einige der dort Ansässigen zum Christentum bekehrt haben. Viele Jahre später stieg ihre Zahl, als ein anderer Thomas eine kleine Gruppe aus Syrien herausführte, um der religiösen Verfolgung zu entgehen. Dieser Thomas von Kanaan stieg zum Berater des lokalen Herrschers auf, der veranlasste, dass man bei Hofbanketten die Speisen für ihn auf einer doppelten Schicht von Bananenblättern servierte. Es war dies ein Zeichen grosser Ehrerbietung, und noch heute falten die syrischen Christen im Andenken an ihren einstigen Anführer die Bananenblätter übereinander. Dieses Rezept ist eine Spezialität aus der nahen Stadt Alleppey.

Füllung:

50 g trockene Brotbrösel
1 EL Rosinen
1 EL gehackte Korianderblätter
2 TL Zucker
1 EL Essig
1 TL Salz
1 TL gemahlener schwarzer Pfeffer
1 EL Pflanzenöl
1 kleine Zwiebel, fein gehackt
3 Knoblauchzehen, fein gehackt
2 cm frische Ingwerwurzel, geschält, fein gehackt
1 TL gemahlener Kreuzkümmel
1 TL Kurkuma

Leber und Herz der Ente, gehackt
200 g Tomaten, geschält, gehackt
8 ganze grüne Kardamomkapseln, Samen ausgelöst und gemahlen
1 scharfe grüne Chilischote, fein geschnitten
80 g Cashewnüsse, gehackt
½ TL Cayennepfeffer
2 hartgekochte Eier, geviertelt

1 Ente von 1,2 kg
Salz

Für die Füllung die Brotbrösel mit den Rosinen, Korianderblättern, Zucker, Essig,
Salz und Pfeffer vermischen. Das Öl erhitzen und darin Zwiebel, Knoblauch und Ingwer
anbraten. Sobald die Zwiebel goldbraun ist, den Kreuzkümmel, Kurkuma sowie Leber und Herz
der Ente daruntermischen. Wenn die Innereien gut gebräunt sind, die Tomaten,
die gemahlenen Kardamomsamen und die Chili zugeben. Alles zur Brotbröselmischung geben
und schliesslich noch die Cashewnüsse und den Cayennepfeffer daruntermengen.
Die Eiviertel vorsichtig unter die Füllung heben.
Die Ente trockentupfen, die Haut rundherum einstechen und mit Salz einreiben.
Die Ente vom Halsende her füllen und die Öffnung zunähen. Die Ente, auf die eine Seite
gelegt, in einen Bräter geben und in den auf 230 °C vorgeheizten Ofen schieben.
Nach 15 Minuten auf die andere Seite drehen und die Temperatur auf 180 °C herunterschalten.
Mit der Brust nach oben weitere eineinhalb Stunden braten, von Zeit zu Zeit
mit dem Bratensaft begiessen.

Gefüllte Hühnerbrust
Shaan-e-Murgh

Marinade:
2 Knoblauchzehen, fein gehackt
2 cm frische Ingwerwurzel, geschält,
fein gehackt
4 EL Zitronensaft
½ TL Cayennepfeffer
Salz

Füllung:
½ Bund Koriander
6 scharfe grüne Chilischoten, entkernt
40 g Cashewnüsse
2 Scheiben frische Ananas

200 g indischer Frischkäse (siehe Seite 92),
Ricotta oder Cottage Cheese
1 TL schwarzer Kreuzkümmelsamen
Salz

6 Hühnerbrüste mit dem Flügelknochen

Teig:
200 g Mehl
Salz
3 Eier

Pflanzenöl zum Fritieren

Sämtliche Zutaten für die Marinade mischen. Das Hühnerfleisch damit einreiben und
eine Stunde ruhen lassen.
Für die Füllung Koriander, Chilischoten, Cashewnüsse und Ananasscheiben hacken und unter
den zerdrückten Frischkäse rühren. Mit dem Kreuzkümmel und etwas Salz abschmecken.
Auf jede Hühnerbrust etwas von der Füllung geben und das Fleisch so einrollen,
dass der Flügelknochen herausragt. Mindestens 30 Minuten kalt stellen.
Aus Mehl, Salz und Eiern einen dickflüssigen Teig herstellen. Das Öl in einer tiefen
Bratpfanne auf 190 °C erhitzen. Jede der gefüllten Hühnerbrüste in den Teig tauchen und dann
höchstens zwei Stück aufs Mal im heissen Öl rundherum goldbraun ausbacken.
Im Ofen warm halten, bis alle fritiert sind.

Das Hähnchen mit den neun Juwelen
Murg Navrattan

Dies ist ein Gericht für besondere Gelegenheiten, das immer gut ankommt.
Akbar, der grösste der Mogulherrscher, besass aussergewöhnliche Kühnheit, Lebenslust
und eine grosse Liebe zu den Künsten, die während seiner langen Regentschaft
blühten. In einer Zeit der Glaubenskämpfe (Ende des 16. Jahrhunderts) übte er grosse
religiöse Toleranz und versuchte mit der Unterstützung seiner weisen Minister
das Los seiner Landsleute zu verbessern. Dieses Rezept ist eine Reverenz
an die «neun Juwelen», Akbars ehrenwerte Ratgeber.

8 kleine Hähnchenteile, gehäutet
350 ml Joghurt
Salz
40 g blanchierte Mandeln
40 g Cashewnüsse
2 EL weisse Mohnsamen
2 EL Pflanzenöl
6 ganze grüne Kardamomkapseln
5 Gewürznelken
4 cm Zimtstange
1 Lorbeerblatt
2 mittelgrosse Zwiebeln, gehackt
1 EL gehackter frischer Ingwer
4 scharfe grüne Chilischoten, entkernt,
gehackt
½ TL Kurkuma

2 TL Cayennepfeffer
$^1/_8$ l Rahm
1 TL gemahlene Muskatblüte (Macis)
1 TL gemahlener grüner Kardamom

Garnitur «Die neun Juwelen»:
15 blanchierte Pistazien
20 Mandelblättchen
10 Cashewnüsse
10 Walnusshälften
10 Pinienkerne
15 Rosinen
15 Sultaninen
feine Streifchen von Zitronenschale
feine Streifchen von Orangenschale

Die Hähnchenteile im leicht gesalzenen Joghurt marinieren. Die Mandeln,
Nüsse und den Mohnsamen mit wenig Wasser zu einer weichen Paste mixen. Das Öl
erhitzen, die ganzen Gewürze und das Lorbeerblatt beigeben und rösten, bis sie
knistern. Die Zwiebeln zufügen und goldbraun rösten, dann den Ingwer, Chili, Kurkuma
und Cayennepfeffer daruntermischen und einige Minuten unter Rühren braten.
Die Hähnchenteile samt dem Saft und etwa 150 ml Wasser zugeben und
weich schmoren. Nun die Nusspaste, den Rahm, die Muskatblüte und den Kardamom
daruntermischen. Mit Salz abschmecken und, mit den «neun Juwelen» dekoriert,
in einer tiefen Schüssel anrichten.

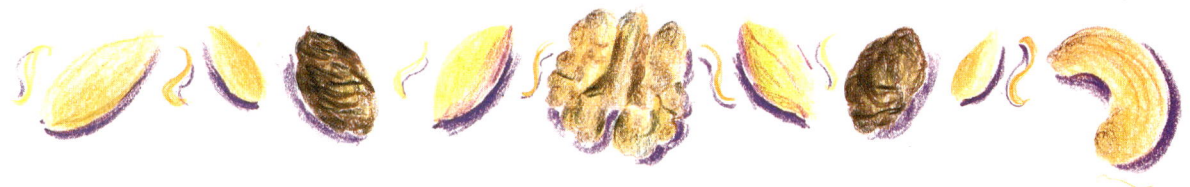

Hähnchenpfanne mit schwarzem Pfeffer
Kozhi Melagu Varuval

Die Gemeinschaft der Chetti in Südindien waren tüchtige Handelsleute,
die sich auf ihren Reisen durch ganz Südostasien Wohlstand erwarben. Von ihren
Reisen brachten sie neue Essgewohnheiten mit nach Hause. Im grösstenteils
vegetarischen Süden galten diese kräftigen, gut gewürzten, nicht-vegetarischen Speisen
als Nahrung für Krieger. Spezielle Gasthäuser boten die Chetti-Gerichte
Stammgästen und neugierigen Besuchern an. In Madras hat sich das Restaurant Rain
Tree, wahrscheinlich das schönste Open-air-Restaurant Indiens, auf diesen Kochstil
spezialisiert. Die Tische sind um einen uralten Regenbaum angeordnet, und
der bezaubernde Garten ist so kunstvoll beleuchtet, als wäre er eine Bühne.
Die köstlichen Speisen werden auf Bananenblättern serviert, und eine einsame Figur,
ganz in Weiss gekleidet, spielt seltsame Melodien auf einer einfachen Rohrflöte.
Das folgende ist ein sehr scharfes Gericht aus dem Rain-Tree-Restaurant.

1 Hähnchen
2 EL Pflanzenöl
2 mittelgrosse Zwiebeln, fein gehackt
2 Knoblauchzehen, fein gehackt
2 cm frische Ingwerwurzel, geschält,
fein gehackt
1 TL Kurkuma

1 TL Cayennepfeffer
1 TL gemahlender Koriander
6 frische oder getrocknete Curryblätter
50 g zerdrückte Pfefferkörner
150 g Tomaten, geschält, gehackt
Salz

Das Hähnchen in kleine Stücke schneiden. Das Öl erhitzen und Zwiebeln,
Knoblauch und Ingwer darin andünsten, bis sie etwas Farbe angenommen haben.
Die Gewürze hinzufügen, einige Minuten weiterrösten, dann die Tomaten mit etwas Salz
untermengen und 5 Minuten dünsten. Die Hähnchenstücke hineinlegen und darin
wenden, so dass sie gut mit der Sauce überzogen sind. Zudecken und rund 30 Minuten
köcheln lassen. Am Ende der Kochzeit sollte die Flüssigkeit verdunstet sein;
gelegentlich kontrollieren und nötigenfalls etwas Wasser zugiessen.

Cochin-Hähnchen
Murgh Cochin

Schon seit Urzeiten ist Cochin in Kerala das Zentrum für den Gewürzhandel. Die Bewohner setzen sich aus vielen Völkern zusammen, und die ersten Juden siedelten sich im ersten Jahrhundert nach Christus hier an, um der römischen Gerichtsbarkeit zu entgehen. Die historische Judenstadt entwickelte sich rund um die kleine, einfache Synagoge, doch ist die jüdische Gemeinde heute am Aussterben, da die meisten jungen Leute nach Israel ausgewandert sind. Der Gemeindeälteste ist S. Koder, dessen Familie vor zwei Jahrhunderten aus dem Irak hierher zog. Das folgende Rezept ist eine ihrer Spezialitäten.

1 Hähnchen oder 8 Portionsstücke
von 1½ kg
2 EL Pflanzenöl
8 frische oder getrocknete Curryblätter
250 g Zwiebeln, fein gehackt
6 Knoblauchzehen, fein gehackt
4 cm frische Ingwerwurzel, geschält,
fein gehackt

10 scharfe grüne Chilischoten, entkernt,
in feine Ringe geschnitten
225 g geschälte Dosentomaten, gehackt
1 Kurkuma
1 TL Cayennepfeffer
1 TL gemahlener schwarzer Pfeffer
200 ml Tamarindensaft (siehe Seite 13)
Zucker und Salz

Das ganze Hähnchen in 8 Teile zerlegen, dann die Haut entfernen. Das Öl erhitzen und darin zuerst die Curryblätter, dann die Zwiebeln, Knoblauch, Ingwer und Chilis anbraten. Wenn die Zwiebeln sich bräunen, die Tomaten, den Kurkuma, Cayennepfeffer und schwarzen Pfeffer untermischen. Die Hähnchenteile zusammen mit ¼ l Wasser dazugeben. Zudecken und ungefähr eine halbe Stunde sanft köcheln lassen. Anschliessend den abgeseihten Tamarindensaft sowie etwas Zucker und Salz unterrühren und 5 Minuten weiterköcheln lassen. Vor dem Anrichten nochmals sprudelnd aufkochen, damit die Sauce etwas eindickt.

Kardamom-Hähnchen
Murgh Elaichi

Die delikaten, fein duftenden Gewürze in diesem Gericht aus dem Norden
machen sogar aus einem einfachen Hähnchen ein exotisches Fest. Es werden keine scharfen
Gewürze verwendet.

Marinade:
12 ganze grüne Kardmomkapseln
1 TL Fenchelsamen
3 cm frische Ingwerwurzel, geschält
3 Knoblauchzehen
¼ l Joghurt
1 TL Cayennepfeffer

1 grosses Hähnchen
Salz
1 EL Pflanzenöl
6 Gewürznelken
4 cm Zimtstange
1 grosse Zwiebel, fein gehackt
1 EL Milch
1 TL Safranfäden

Die Gewürze für die Marinade mahlen und mit dem Ingwer, Knoblauch, Joghurt
und Cayennepfeffer zu einer dicken Paste mixen. Das Hähnchen mit Salz einreiben, mit einer
Nadel rundherum tief einstechen und mit der Paste bestreichen. Einige Stunden oder zugedeckt
über Nacht im Kühlschrank ruhen lassen, damit die Gewürze einziehen.
Das Öl erhitzen und die Nelken und den Zimt darin rösten. Die Zwiebel beifügen
und sanft andünsten, bis sie goldbraun ist. Die Marinade vom Hähnchen gut abstreifen, und das
Fleisch schnell von allen Seiten im Öl anbraten. Die Milch erwärmen und die Safranfäden
darin einlegen. Das Hähnchen in einen Bräter legen, die übriggebliebene Marinade und
den in der Milch gelösten Safran darübergiessen und gut mit Alufolie zudecken. Im 180 °C
heissen Ofen schmoren, bis das Hähnchen gar ist.

Fleisch

Da die Hindus kein Rind essen und die Mohammedaner kein Schwein, ist Schaf das am meisten verzehrte Fleisch. Beim sogenannten «Schaf» handelt es sich in Wirklichkeit meist um Ziegenfleisch, und nur ganz im Norden und in Kaschmir gibt es richtiges Lamm. Da das Fleisch oft sehr zäh ist, legt man es in Joghurt oder geriebene Papaya ein, um es zarter zu machen. Die syrischen Christen an der Malabarküste kennen einige Rindfleischgerichte, und Goa hat sein berühmtes *Vindaloo* und *Sorpotel* aus Schweinefleisch. In früheren Zeiten bot das Wild noch etwas Abwechslung, doch heute ist die Jagd in den meisten Regionen verboten.

   Die folgenden Rezepte lassen sich mit irgendeinem Fleisch nach eigener Wahl zubereiten; der Geschmack wird durch die richtigen Gewürze bestimmt.

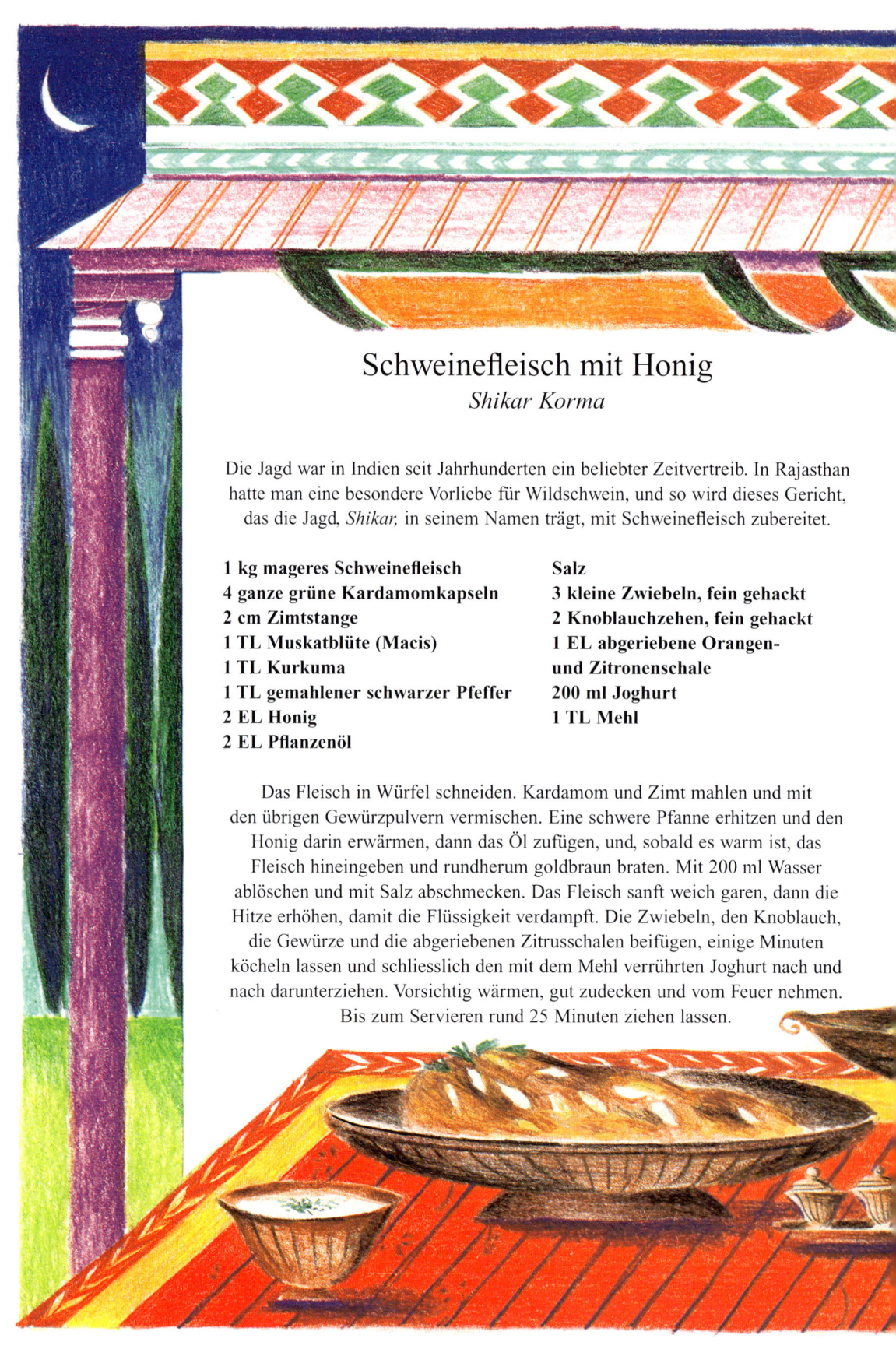

Schweinefleisch mit Honig

Shikar Korma

Die Jagd war in Indien seit Jahrhunderten ein beliebter Zeitvertreib. In Rajasthan hatte man eine besondere Vorliebe für Wildschwein, und so wird dieses Gericht, das die Jagd, *Shikar,* in seinem Namen trägt, mit Schweinefleisch zubereitet.

1 kg mageres Schweinefleisch	Salz
4 ganze grüne Kardamomkapseln	3 kleine Zwiebeln, fein gehackt
2 cm Zimtstange	2 Knoblauchzehen, fein gehackt
1 TL Muskatblüte (Macis)	1 EL abgeriebene Orangen-
1 TL Kurkuma	und Zitronenschale
1 TL gemahlener schwarzer Pfeffer	200 ml Joghurt
2 EL Honig	1 TL Mehl
2 EL Pflanzenöl	

Das Fleisch in Würfel schneiden. Kardamom und Zimt mahlen und mit den übrigen Gewürzpulvern vermischen. Eine schwere Pfanne erhitzen und den Honig darin erwärmen, dann das Öl zufügen, und, sobald es warm ist, das Fleisch hineingeben und rundherum goldbraun braten. Mit 200 ml Wasser ablöschen und mit Salz abschmecken. Das Fleisch sanft weich garen, dann die Hitze erhöhen, damit die Flüssigkeit verdampft. Die Zwiebeln, den Knoblauch, die Gewürze und die abgeriebenen Zitrusschalen beifügen, einige Minuten köcheln lassen und schliesslich den mit dem Mehl verrührten Joghurt nach und nach darunterziehen. Vorsichtig wärmen, gut zudecken und vom Feuer nehmen. Bis zum Servieren rund 25 Minuten ziehen lassen.

Lamm mit Joghurt und Mandeln
Safed Maas

Das indische Königreich Rajasthan war berühmt für seine kühnen Krieger und schönen Frauen. Die Prinzessinnen von Rajasthan weckten denn auch das Interesse der angreifenden Moguln, die seit jeher einen Sinn für das Besondere hatten.
Diese alte Spezialität aus Rajasthan zeigt, dass der Austausch auf Gegenseitigkeit beruhte. Im Hotel Ajit Bhawan in Jodhpur serviert heute Rani Usha Devi dieses Gericht ihren Gästen.

1 kg mageres Lammfleisch	**2 EL gemahlener Koriander**
300 ml Joghurt	**Salz**
2 EL gehackter frischer Ingwer	**1 TL gemahlener weisser Pfeffer**
2 EL blanchierte Mandeln	**120 ml Rahm oder nach Wunsch**
2 mittelgrosse Zwiebeln	**zusätzlich Joghurt**
6 ganze grüne Kardamomkapseln	

Das Fleisch in 2½ cm grosse Würfel schneiden. Da *Safed maas* «weisses Fleisch» bedeutet, werden die Fleischwürfel gewöhnlich zuerst 5 Minuten in siedendem Salz-wasser blanchiert. Den Joghurt zusammen mit dem Ingwer, den Mandeln und Zwiebeln im Mixer zu einer feinen Paste verarbeiten. Das Lammfleisch zusammen mit der Joghurtmischung, den zerdrückten Kardamomkapseln, dem Koriander, etwas Salz und Pfeffer in eine schwere Pfanne geben, zudecken und sanft köcheln lassen, bis das Fleisch zart ist. Den Rahm unterrühren und abschmecken. Die Sauce darf auf keinen Fall mehr sieden.

Lamm mit Spinat
Palak Gosht

In der indischen Küche gibt es viele köstliche Kombinationen von Lammfleisch mit grünem Blattgemüse. In Hyderabad führten die Moguln Lamm mit Sauerampfer, das delikate *Gosht chuggar,* ein, und im Punjab verleiht der pikante Senfkohl, *Sarson ka saag,* dem Fleisch eine robustere Note. Das folgende Lamm-Spinat-Gericht, das den meisten Essern mundet, ist einfacher als das alte Mogulrezept.

800 g mageres Lammfleisch	1 TL schwarze Kreuzkümmelsamen
2 Zwiebeln	500 g frischer Spinat, gehackt
4 grosse Knoblauchzehen	4 ganze grüne Kardamomkapseln
5 scharfe grüne Chilischoten, entkernt	1 TL gemahlener schwarzer Pfeffer
2 EL fein gehackter frischer Ingwer	Salz
4 EL Pflanzenöl	¼ l Joghurt

Das Fleisch von sämtlichen Fettresten befreien und in Würfel schneiden. Die Zwiebeln mit dem Knoblauch, den Chilischoten und dem Ingwer im Mixer zu einer weichen Paste verarbeiten. Das Öl erhitzen, die Kreuzkümmelsamen darin rösten, bis sie springen, die Zwiebelpaste hinzufügen und rund 10 Minuten dünsten. Wenn das Öl sich von der Mischung absetzt, die Fleischwürfel beigeben, zudecken und auf sanftem Feuer 10 Minuten köcheln lassen. Den Deckel entfernen und den Fleischsaft einkochen lassen. Den Spinat, die zerdrückten Kardamomkapseln, den Pfeffer und etwas Salz hinzugeben. Wieder zudecken und rund eine Stunde sanft garen, nötigenfalls etwas Wasser zugiessen. Vom Feuer nehmen, den Joghurt unterziehen und servieren.

Lamm mit Joghurt und frischem Koriander
Dhaniawala Gosht

Dieses raffinierte, aromatische Mogulgericht ist einfach zu machen und enthält keine scharfen Gewürze. Das Lammfleisch wird von einer eleganten zartgelben, grün gesprenkelten Sauce umhüllt.

1 kg magere Lammkeule, ohne Knochen	4 schwarze Pfefferkörner
1 TL Kurkuma	4 cm Zimtstange
1 TL Salz	2 Knoblauchzehen, fein gehackt
½ l Fleischbrühe	1 l dickflüssiger Vollmilchjoghurt
2 EL Pflanzenöl	300 g Korianderblätter, fein gehackt
4 Gewürznelken	
4 ganze grüne Kardamomkapseln	

Das Fleisch von sämtlichem Fett befreien und in 2½ cm grosse Würfel schneiden. Zusammen mit Kurkuma und Salz in die siedende Fleischbrühe geben und rund eine Stunde köcheln lassen.

In einer Pfanne das Öl erhitzen und die ganzen Gewürze darin rösten, bis sie sich etwas blähen, dann den Knoblauch und den durchgerührten Joghurt darunterziehen. Die Hitze erhöhen und die Joghurtmischung unter gelegentlichem Rühren zu einer dicken Sauce einkochen. Die ganzen Gewürze aus der Sauce entfernen. Mit einem Schaumlöffel das Fleisch aus der Brühe heben und unter die Joghurtsauce mischen, gut darin wenden. Nach und nach die abgeseihte Lammbrühe hinzugiessen und sanft köcheln lassen, bis die Sauce erneut eingedickt ist. Kurz vor dem Anrichten mit den Korianderblättern bestreuen.

Schnitzel vom heissen Stein
Sukha Gosht

Traditionell wird dieses Gericht mit Lammfleisch zubereitet, doch ich nehme dafür meistens Kalbsschnitzel oder Truthahnbrust. Wer über keinen Grillstein verfügt, behilft sich mit einer schweren gusseisernen Bratpfanne. Dies ist ein ideales Gericht zum Abnehmen.

6 Knoblauchzehen	2 scharfe grüne Chilischoten, entkernt
3 cm frische Ingwerwurzel, geschält	4 EL Zitronensaft
1 EL frisch gemahlener Pfeffer	1 TL Salz
2 TL gemahlener Kreuzkümmel	6 flachgeklopfte Fleischschnitzel
2 TL gemahlener Kardamom	1 EL Pflanzenöl
2 TL gemahlener Zimt	

Alle Würzzutaten zu einer Paste mixen. Das Fleisch mit der Paste einreiben und mindestens 4 Stunden marinieren. Den Grillstein oder die Gusseisenpfanne erhitzen, leicht einölen und die Schnitzel auf beiden Seiten wenige Minuten braten.

Lammkeule aus Lakhnau
Mussallam Raan

Nach dem Zusammenbruch des Mogulreichs von Delhi stieg die Stadt Lakhnau
zu Bedeutung auf. Die Nawabs von Oudh waren berühmt für ihren extravaganten Lebensstil
und ihre ausschweifenden Feste. Das folgende Rezept wurde von einem ihrer legendären Köche
verfeinert. Sie genossen ein hohes Ansehen und wahrten ihre Geheimnisse innerhalb
der Familie. Der Nizam von Hyderabad und der Maharajah von Jaipur überredeten Nawab,
ihnen Köche «auszuleihen», mit denen sie nah verwandt waren, und einer ihrer Nachkommen,
Mohmmad Islam, kocht dieses Gericht noch immer im Hotel Rambagh Palace von Jaipur.

8 ganze grüne Kardamomkapseln
10 Gewürznelken
1 EL schwarze Pfefferkörner
2 EL weisse Mohnsamen
4 getrocknete scharfe rote Chilischoten
½ l Joghurt
2 EL Pflanzenöl
2 grosse Zwiebeln, fein gehackt
6 Knoblauchzehen, fein gehackt
4 cm frische Ingwerwurzel, geschält,
fein gehackt

1 EL Paprika
2 TL geriebene Muskatnuss
2 TL gemahlene Muskatblüte (Macis)
2 TL gemahlener Zimt
1 EL Salz
1 Lammkeule von 2 kg
30 g Mandelblättchen

4–5 EL Mandelblättchen

Alle ganzen Gewürze mahlen und zusammen mit dem Joghurt mixen. Das Öl erhitzen
und Zwiebeln, Knoblauch und Ingwer darin goldbraun rösten. Mit allen übrigen Gewürzen und
der Joghurtmischung zu einer dicken Paste vermengen.
Die Lammkeule von Haut und Sehnen befreien und rundherum bis auf den Knochen
einstechen. Die Paste ins Fleisch reiben und gut in die Löcher drücken. Das Fleisch über Nacht
im Kühlschrank marinieren. Die Lammkeule, mit der Würzpaste überzogen, im 180 °C heissen
Ofen braten, von Zeit zu Zeit wenden und mit dem entstehenden Bratensaft begiessen.
Am Ende der Garzeit die Mandelblättchen über das Fleisch streuen und bei Oberhitze
oder unter dem Backofengrill bräunen.

Biryani-Lamm
Shah Jahani Biryani

Die Grossmoguln stammten ursprünglich von Tschinghis Khan und Tamerlan ab.
Bis sie im 16. Jahrhundert in Indien die Macht erlangten, hatten sie ihre Sitten und ihren
Lebensstil verfeinert. Babur schuf wunderschöne Wassergärten, Poesie, Musik und Literatur
entzückte seinen Hof. Die Küche erlangte äusserstes Raffinement, und viele zeitgenössische
Miniaturen zeigen, wie die Herrscher mit erlesenen Speisen bedient werden. Für sie
wurde dieses köstliche Lamm-Reis-Gericht mit kostbaren Früchten und Nüssen üppig dekoriert.
Es war das Leibgericht von Shah Jahan.

3 ganze grüne Kardamomkapseln
2 cm Zimtstange
3 Gewürznelken
1 EL weisse Mohnsamen
1 mittelgrosse Zwiebel
3 cm frische Ingwerwurzel, geschält
4 Knoblauchzehen
2 scharfe grüne Chilischoten
2 TL gemahlener Kreuzkümmel
1 TL gemahlene Muskatblüte (Macis)
2 TL Salz
2 EL gemahlene Mandeln
2 EL Pflanzenöl
800 g mageres Lammragout, ohne Knochen
200 ml Joghurt

Reis:
300 g Basmati- oder anderer Langkornreis
4 ganze grüne Kardamomkapseln
2 cm Zimtstange
1 TL Rosenwasser
2 TL Salz
600 ml Wasser
1 TL Safranfäden
1 EL warme Milch
200 ml Rahm

Garnitur:
1½ EL Mandelblättchen
1½ EL halbierte Cashewnüsse
1 EL halbierte geschälte Pistazien
2 EL Sultaninen

Die ganzen Gewürze für die Fleischmischung mahlen und mit den übrigen Würzzutaten,
den gemahlenen Mandeln und etwas Wasser in der Küchenmaschine zu einer Paste verarbeiten.
Das Öl erhitzen und die Gewürzpaste unter ständigem Rühren rösten, bis sich das Öl
absetzt. Die Fleischwürfel beigeben und darin wenden, so dass sie ganz von der Paste
überzogen sind. Etwa 100 ml Wasser dazugiessen, und zugedeckt sanft köcheln lassen, bis das
Fleisch fast gar ist. Den Joghurt mit etwas Wasser aufschlagen, unter die Mischung
rühren und zu einer dicken Sauce einkochen.
In der Zwischenzeit den Reis mit den Gewürzen, dem Rosenwasser, Salz und Wasser
in einem gut verschlossenen Topf mit dickem Boden 15 Minuten garen, dann vom Feuer
nehmen und weitere 10 Minuten zugedeckt quellen lassen. Die Safranfäden in der
warmen Milch einweichen und unter den Rahm rühren.
Ein tiefes Bratgeschirr mit dazupassendem Deckel leicht einfetten. Die Hälfte des Reises
darin verteilen, dann die Hälfte der Rahmmischung darübergiessen. Das Fleisch als
gleichmässige Schicht darauf verteilen, dann mit dem restlichen Reis bedecken
und die restliche Rahmmischung darübergiessen. Den Deckel aufsetzen und mit einer Mehl-
Wasser-Paste hermetisch verschliessen oder das Bratgeschirr mit Alufolie abdecken,
diese an den Rändern gut andrücken und den Deckel aufsetzen. Im 150 °C heissen Ofen
rund 45 Minuten garen. Die Mandelblättchen, Nüsse und Sultaninen leicht rösten
oder fritieren und das Gericht damit garnieren.

Parsisches Lamm mit Strohkartoffeln
Sali Ma Gosht

Dieses parsische Gericht kochte Bhicoo Maneckshaw in Delhi für mich, ein Wirbelwind voller Energie und Enthusiasmus. Sie schrieb Kochbücher, stellte Erstklass-Menüs für Indian Airlines zusammen und gab Indira Ghandis Schwiegertöchtern Kochunterricht.

500 g Kartoffeln
3 EL Pflanzenöl
2 grosse Zwiebeln, in Scheiben geschnitten
4 Gewürznelken
4 cm Zimtstange
5 ganze grüne Kardamomkapseln
1½ TL Kurkuma
1½ TL gemahlener Kreuzkümmel

4 Knoblauchzehen, fein gehackt
3 cm frische Ingwerwurzel, geschält, fein gehackt
800 g gewürfelte Lammkeule, ohne Knochen
Salz
Öl zum Fritieren

Die Kartoffeln schälen, in feine Stäbchen schneiden und in mehrmals gewechseltem kaltem Wasser spülen. Dann in eine Schüssel mit gesalzenem eiskaltem Wasser legen und in den Kühlschrank stellen, während das Fleisch zubereitet wird.
Das Öl erhitzen und darin die Zwiebelscheiben mit den Nelken, dem Zimt und den Kardamomkapseln rösten, bis die Zwiebeln braun sind. Dann 2 EL Wasser sowie den Kurkuma, Kreuzkümmel, Knoblauch und Ingwer hinzufügen. 5 Minuten köcheln lassen und, wenn die Mischung zu trocken wird, noch etwas Wasser dazugiessen. Die Lammwürfel zusammen mit ¼ l Wasser und etwas Salz beigeben, zudecken und schmoren, bis das Fleisch weich ist. Am Schluss sollte die Sauce ganz eingedickt sein.
Für die Strohkartoffeln jeweils eine Handvoll Kartoffelstäbchen aus der Schüssel nehmen, gut ausdrücken und in einer Serviette trocknen. Im heissen Öl fritieren und dabei mit einem Holzspiess die einzelnen Stäbchen auseinander halten. Auf Küchenpapier abtropfen lassen.
Das Fleisch auf einer Platte anrichten und mit den knusprigen Strohkartoffeln bedecken.

Eier und Käse

Eier spielen in der indischen Küche zwar keine grosse Rolle, doch haben die Parsen dafür einige interessante Rezepte. Für Vegetarier, die Eier essen, dienen sie in vielen Gerichten als Fleischersatz.

Indischer Frischkäse lässt sich auf einfache Art selbst herstellen (siehe Seite 92). Man mischt ihn in Würfeln oder Stengeln unter zahlreiche vegetarische Gerichte, um sie dadurch nahrhafter zu machen.

Indischer Frischkäse
Paneer

Paneer ist für die Mehrheit der indischen Vegetarier ein Hauptnahrungsmittel und wird auf tausenderlei Arten verwendet. Da er seine Konsistenz beim Kochen behält, sind Ricotta oder Cottage Cheese nur ein notdürftiger Ersatz. Da Paneer jedoch leicht selbst herzustellen ist, sollten sich daraus keine Probleme ergeben.

2 l Milch
4 EL Zitronensaft

Die Milch erhitzen und gelegentlich umrühren, damit sich keine Haut bildet. Bevor sie zu sieden beginnt, den Zitronensaft einrühren und den Topf vom Feuer nehmen. Die Milch wird sich augenblicklich scheiden. Durch ein mit Käseleinen oder Musselin ausgelegtes Sieb giessen und mindestens eine Stunde über einer Schüssel abtropfen lassen. Um einen festen Block zu erhalten, den weichen Frischkäse, in das Stück Stoff gepackt, unter einem mit einem Gewicht beschwerten Teller einige Stunden pressen. Wenn der Käse fest und kompakt ist, lässt er sich in Würfel oder Stengel schneiden. Er lässt sich gut 48 Stunden im Kühlschrank aufbewahren.

Käsebällchen mit Kartoffeln und Erbsen
Paneer Alu Mattar Patties

1 EL Pflanzenöl
2 Knoblauchzehen, fein gehackt
3 cm frische Ingwerwurzel, geschält,
fein gehackt
200 g indischer Frischkäse (Seite 92),
Ricotta oder Cottage Cheese
500 g enthülste Erbsen
4 scharfe grüne Chilischoten, entkernt,
gehackt
Salz

Teig:
100 g Kichererbsenmehl
¼ l Wasser
Salz

100 g getrocknete Brotbrösel, nach Belieben
Öl zum Fritieren
350 g gekochte Kartoffeln
1 TL Kurkuma
1 TL Cayennepfeffer

Das Pflanzenöl erhitzen und den Knoblauch und Ingwer darin goldbraun rösten.
Auskühlen lassen, dann den zerdrückten Frischkäse untermischen und zu kleinen Bällchen
rollen. Mindestens 20 Minuten in den Kühlschrank stellen.
Die Erbsen mit den Chilischoten in leicht gesalzenem Wasser dünsten, gut abtropfen lassen,
dann grob pürieren. Das Püree muss ganz trocken sein. Die Käsebällchen mit dem Erbsenpüree
umhüllen. Alle Zutaten zum Ausbackteig verrühren. Die Käsebällchen in den Teig tauchen,
anschliessend in den Brotbröseln wenden und im heissen Öl fritieren. Auf Küchenpapier
abtropfen lassen.
Die gekochten Kartoffeln schälen und mit dem Kurkuma und Cayennepfeffer zu einer
weichen Paste mixen. Daraus kleine Plätzchen formen und die Käsebällchen vorsichtig darin
einpacken. 10 Minuten zurück in den Kühlschrank stellen. Nochmals überprüfen, ob das
Erbsenpüree noch immer schön trocken ist, und die Kartoffelbällchen nochmals damit
umhüllen. In den Ausbackteig tauchen, in den Brotbröseln wenden und fritieren. Heiss
anrichten und nach Belieben halbieren, um die verschiedenen Schichten zu zeigen.

Indischer Frischkäse mit Pilzen und Erbsen
Mattar Paneer

Dies ist eine milde, aber schmackhafte vegetarische Beilage

50 g indische geklärte Butter (Ghee)
oder Butter
250 g enthülste frische Erbsen
250 g Pilze, fein geschnitten
1 TL Cayennepfeffer

1 TL Kurkuma
1 EL gehackte Korianderblätter
Salz
100 g indischer Frischkäse (Seite 92),
in Würfel geschnitten

Die Butter schmelzen und die Erbsen und Pilze darin kurz dünsten, dann die Gewürze,
den gehackten Koriander, etwas Salz und die Käsewürfel unterheben. Etwa 5 Minuten köcheln
lassen, zudecken und bis zum Servieren warm halten.

Frischkäse in würziger Sauce
Paneer Makhani

Dieses Gericht wurde für Vegetarier erfunden, doch schmeckt es bestimmt allen von uns. Für dieses Rezept muss indischer Frischkäse verwendet werden, Ricotta oder Cottage Cheese eignen sich nicht.

250 g indischer Frischkäse (Seite 92)
Öl zum Fritieren
50 ml Joghurt
1 EL Pflanzenöl
2 mittelgrosse Zwiebeln, fein gehackt
1 TL gemahlener Kreuzkümmel
1 TL gemahlener Koriander

1 TL Kurkuma
1 TL Garam Masala
2 TL Cayennepfeffer
300 g Tomaten, geschält, gehackt
Salz
150 ml Rahm
1 EL gehackte Korianderblätter

Den Frischkäse in mehr oder weniger dicke Stäbchen schneiden und im heissen Öl goldbraun fritieren. Auf Haushaltpapier abtropfen lassen, dann auf einen Teller geben und den Joghurt darüber verteilen.
Das Pflanzenöl erhitzen und die Zwiebeln darin andünsten. Die gemahlenen Gewürze untermischen, nach einigen Minuten die Tomaten und etwas Salz hinzufügen und 10 Minuten köcheln lassen. Ist die Sauce zu trocken, etwas Wasser nachgiessen. Den Rahm beigeben und vorsichtig erwärmen. Zuletzt die fritierten Käsestäbchen mit dem Joghurt unterheben und alles kurz vor dem Anrichten mit dem Koriander bestreuen.

Parsische Rühreier

Akuri

Ein leckeres parsisches Eiergericht, ideal als einfacher Lunch oder leichtes Abendessen.

50 g Butter
2 kleine Zwiebeln, fein gehackt
2 cm frische Ingwerwurzel,
geschält, fein gehackt
2 scharfe grüne Chilischoten,
fein gehackt
2 EL gehäutete, gehackte Tomaten

2 EL gehackte Korianderblätter
1 TL Kurkuma
6 Eier
4 EL Milch
1 TL Salz
½ TL schwarzer Pfeffer

Die Butter aufschäumen und die Zwiebeln, den Ingwer und die Chilischoten darin weich dünsten. Die Tomaten, den Koriander und Kurkuma hinzugeben.
Die Eier mit der Milch sowie Salz und Pfeffer verquirlen und ebenfalls unterrühren. So lange braten, bis die Eier eine cremige Konsistenz haben.Heiss zu indischem Brot oder Toast servieren.

Reis

In Indien ist Reis das einzige Getreide von Bedeutung; er beansprucht heute einen Viertel des bebauten Landes. Im Süden und Osten spielt er bei jeder Mahlzeit die Hauptrolle, und selbst in Gegenden, wo man traditionell Weissbrot vorzieht, wird er in grossen Mengen konsumiert. Bei religiösen Zeremonien dient er als Symbol des Überflusses und der Fruchtbarkeit, und der westliche Brauch, sich bei Hochzeiten Reiskörner zuzuwerfen, hat zweifelsohne die gleiche Bedeutung.

Der beste Reis ist der Basmatireis, der um Dehra Dum in den Ausläufern des Himalaya gedeiht. Dieser duftende Reis gewinnt mit dem Alter noch. Basmatireis muss man vor dem Kochen unter laufendem Wasser spülen, um freie Stärketeilchen auszuwaschen, und dann eine Stunde einweichen. Das macht den Reis weiss und saugfähiger. Die Körnchen werden aber empfindlich und dürfen nicht mehr stark gerührt werden. Andere Langkornsorten sind billiger, weniger heikel und benötigen kein Einweichen, doch lohnt es sich für besondere Gerichte immer, mit Basmati etwas mehr Zeit und Geld aufzuwenden, da er bei guter Qualität einen unverkennbaren Duft aufweist.

Im Westen lassen wir uns oft dadurch verunsichern, dass es heisst, wir würden den Reis matschig kochen. Dies lässt sich jedoch vermeiden, wenn man die Grundregeln beachtet: Messen Sie die benötigte Menge vor dem Waschen ab. Gekocht wird der Reis am besten in einem schweren Topf mit gut schliessendem Deckel. Man nimmt zweimal soviel Wasser wie Reis und 1½ TL Salz pro 500 g Reis. Die Kochzeit beträgt rund 20 Minuten. Entscheidend ist das Ruhen nach dem Garen: Man lässt den Reis nach dem Kochen ohne jedes Rühren mindestens 5 Minuten im zugedeckten Topf ruhen; so wird er locker und die Körner bleiben ganz. Andernfalls wird der Reis matschig und die Konsistenz des ganzen Gerichts leidet.

Einfacher gekochter Basmatireis

Für 6 Personen 350 g (2 Tassen) Reis abmessen. Unter kaltem Wasser gut spülen, um restliche Stärke zu entfernen.

1 Stunde in kaltem Wasser einweichen.

Mit der doppelten Menge Wasser, 700 ml oder 4 Tassen, und 4 TL Salz in einen gut verschliessbaren Topf geben.

Zum Kochen bringen und 20 Minuten garen. Den Topf vom Feuer nehmen, ohne den Deckel abzunehmen. Weitere 5 bis 10 Minuten ruhen lassen.

Zitronenpullao mit Cashewnüssen
Nimbu Kaju Pullao

Dieser köstliche Zitronenreis ist sehr einfach zu machen und gibt dennoch jedem Essen eine luxuriöse Note. Ideal ist, dass das Rezept von gekochtem Reis ausgeht. So bereite ich bei Einladungen alles zum voraus vor, konzentriere mich auf die andern Gerichte und rühre in letzter Minute den gegarten Reis in den Topf mit dem gewürzten Zitronensaft.

150 g Langkornreis
4 EL gespaltene Kichererbsen
1 EL geschälte, gespaltene Urdbohnen
50 ml Pflanzenöl
1 TL schwarze Senfsamen
2 scharfe grüne Chilischoten,
entkernt, fein gehackt
1 EL gehackter
frischer Ingwer

1 TL Kurkuma
4 EL Zitronensaft
8 frische oder getrocknete Curryblätter
Salz
100 g geröstete Cashewnüsse

Den Reis kochen, abtropfen lassen und zur Seite stellen. Die Hülsenfrüchte waschen und in reichlich kaltem Wasser mehrere Stunden einweichen. Abtropfen lassen und auf Haushaltpapier trocknen.

Das Öl erhitzen und die Hülsenfrüchte darin unter Rühren rösten, bis sie etwas Farbe annehmen. Die Senfsamen einstreuen, und sobald sie zu springen beginnen, die Chilischoten und den Ingwer untermengen. Ein paar Minuten dünsten, dann Kurkuma, Zitronensaft und die Curryblätter hinzugeben. Wenn die Mischung zu köcheln beginnt, den Reis unterrühren und bei Bedarf salzen. Zudecken und sanft köcheln lassen, bis der Reis durchgewärmt ist; noch etwas Wasser zufügen, wenn er zu trocken ist. Die Hälfte der Cashewnüsse grob zerhackt untermengen. Den Reis mit einer Gabel lockern, auf einer vorgewärmten Platte anrichten, und mit den restlichen Nüssen bestreuen.

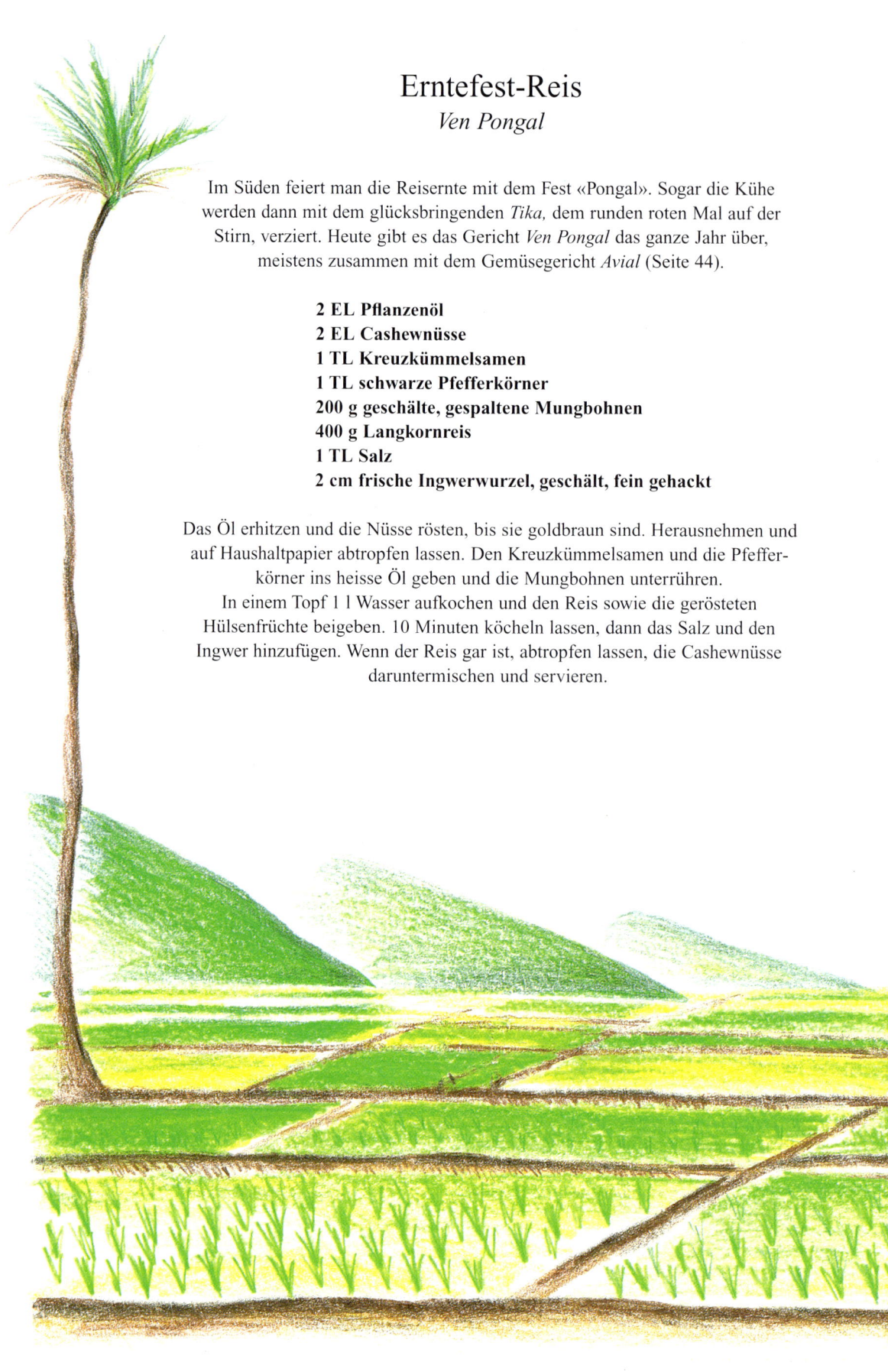

Erntefest-Reis
Ven Pongal

Im Süden feiert man die Reisernte mit dem Fest «Pongal». Sogar die Kühe werden dann mit dem glücksbringenden *Tika,* dem runden roten Mal auf der Stirn, verziert. Heute gibt es das Gericht *Ven Pongal* das ganze Jahr über, meistens zusammen mit dem Gemüsegericht *Avial* (Seite 44).

2 EL Pflanzenöl
2 EL Cashewnüsse
1 TL Kreuzkümmelsamen
1 TL schwarze Pfefferkörner
200 g geschälte, gespaltene Mungbohnen
400 g Langkornreis
1 TL Salz
2 cm frische Ingwerwurzel, geschält, fein gehackt

Das Öl erhitzen und die Nüsse rösten, bis sie goldbraun sind. Herausnehmen und auf Haushaltpapier abtropfen lassen. Den Kreuzkümmelsamen und die Pfefferkörner ins heisse Öl geben und die Mungbohnen unterrühren.

In einem Topf 1 l Wasser aufkochen und den Reis sowie die gerösteten Hülsenfrüchte beigeben. 10 Minuten köcheln lassen, dann das Salz und den Ingwer hinzufügen. Wenn der Reis gar ist, abtropfen lassen, die Cashewnüsse daruntermischen und servieren.

Reis mit Morcheln
Gochian Pullao

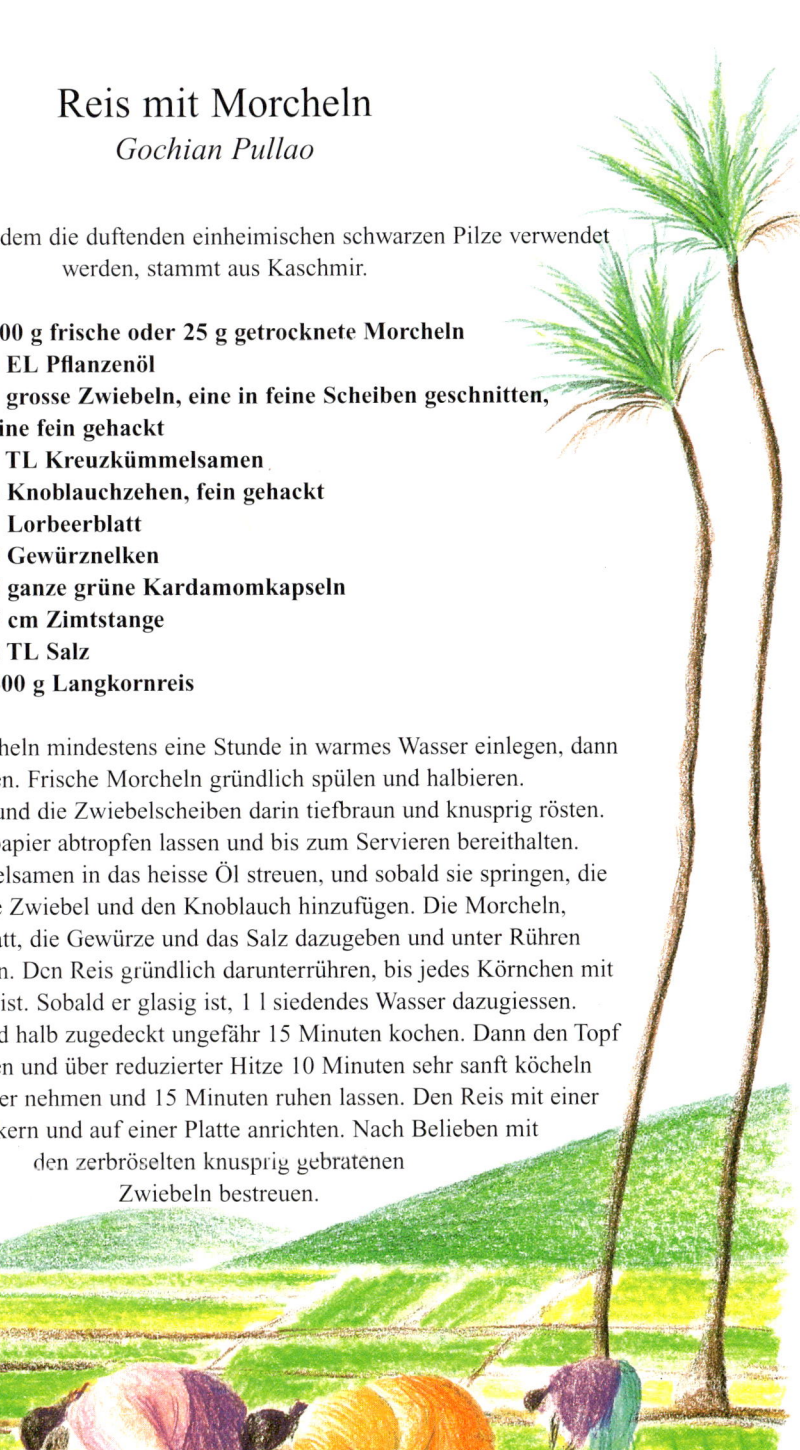

Dieses Rezept, in dem die duftenden einheimischen schwarzen Pilze verwendet werden, stammt aus Kaschmir.

200 g frische oder 25 g getrocknete Morcheln
4 EL Pflanzenöl
2 grosse Zwiebeln, eine in feine Scheiben geschnitten,
eine fein gehackt
1 TL Kreuzkümmelsamen
3 Knoblauchzehen, fein gehackt
1 Lorbeerblatt
5 Gewürznelken
5 ganze grüne Kardamomkapseln
5 cm Zimtstange
2 TL Salz
400 g Langkornreis

Getrocknete Morcheln mindestens eine Stunde in warmes Wasser einlegen, dann gut spülen. Frische Morcheln gründlich spülen und halbieren. Das Öl erhitzen und die Zwiebelscheiben darin tiefbraun und knusprig rösten. Auf Haushaltpapier abtropfen lassen und bis zum Servieren bereithalten. Die Kreuzkümmelsamen in das heisse Öl streuen, und sobald sie springen, die fein gehackte Zwiebel und den Knoblauch hinzufügen. Die Morcheln, das Lorbeerblatt, die Gewürze und das Salz dazugeben und unter Rühren 5 Minuten dünsten. Den Reis gründlich darunterrühren, bis jedes Körnchen mit Öl überzogen ist. Sobald er glasig ist, 1 l siedendes Wasser dazugiessen. Fleissig rühren und halb zugedeckt ungefähr 15 Minuten kochen. Dann den Topf gut verschliessen und über reduzierter Hitze 10 Minuten sehr sanft köcheln lassen. Vom Feuer nehmen und 15 Minuten ruhen lassen. Den Reis mit einer Gabel lockern und auf einer Platte anrichten. Nach Belieben mit den zerbröselten knusprig gebratenen Zwiebeln bestreuen.

Joghurtreis

Masuru Anna

Dieses Reisgericht gibt es überall im Süden. Ich entdeckte es zum erstenmal in Maisur
in einem kleinen einheimischen Restaurant, wo das Essen auf Bananenblättern serviert wurde.
Der Besitzer legt die Bananenblätter vor jedem Gast auf den Tisch und spritzt dann
ein wenig Wasser darauf. Der Gast fährt mit der Hand darüber, um das Nass wieder
wegzuwischen, dann werden die verschiedenen Speisen, vegetarische oder andere, auf die
Blätter geschöpft und von Hand, ohne Löffel oder Gabel, gegessen.

150 g Langkornreis
2 TL Salz
400 ml Joghurt
1 EL Pflanzenöl
1 TL schwarze Senfsamen
6 frische oder getrocknete Curryblätter
2 Knoblauchzehen, fein gehackt
2 cm frische Ingwerwurzel, geschält, fein gehackt
3 scharfe grüne Chilischoten, entkernt, fein gehackt
2 EL gehackte Korianderblätter

Den Reis in Salzwasser garen, abtropfen lassen und noch heiss mit dem Joghurt
vermischen. Das Öl erhitzen und die Senfsamen darin rösten, bis sie springen. Die Curryblätter
hinzufügen, und sobald sie sich zusammenziehen, das Öl über den Reis giessen. Knoblauch,
Ingwer, Chilischoten und den Koriander darunterziehen.

Minzpullao
Pudina Ka Pullao

Dieses Reisgericht hat ein intensives Aroma. Ich bereite es manchmal auch mit gekochtem Reis zu, was ebensogut schmeckt.

350 g Basmati- oder anderer Langkornreis	**½ TL Nelkenpulver**
50 g frische Kokosnussraspel	**½ TL Zimtpulver**
50 g frische Minzeblätter	**1 EL Pflanzenöl**
2 scharfe grüne Chilischoten, entkernt	**4 TL Salz**

Den Reis gut spülen und in reichlich kaltem Wasser eine Stunde einweichen. Die Kokosnussraspel zusammen mit den Minzeblättern, den Chilischoten, den Gewürzen und 75 ml Wasser im Mixer zu einer weichen Paste verarbeiten. Das Öl erhitzen und die Würzpaste darin sanft dünsten, bis sich das Fett absetzt. Den abgetropften Reis gründlich untermengen, so dass jedes Korn von Paste überzogen ist. ¾ l kochendes Wasser dazugiessen und das Salz hineinstreuen. Zudecken und 15 bis 20 Minuten sanft garen, bis das Wasser aufgesogen ist.

Gelber Frühlingsreis
Peeley Chaawal

Im Februar wird überall in Indien der herannahende Frühling mit dem Vasant-Panchami-Fest gefeiert. Man trägt gelbe Kleider und kocht gelbe Speisen. Dieser Reis ist jedoch so gut, dass man ihn gern das ganze Jahr über isst.

300 g Basmati- oder anderer Langkornreis	**1 TL Kurkuma**
50 g indische geklärte Butter (Ghee)	**2 TL Salz**
oder Butter	**1 Lorbeerblatt**
3 Gewürznelken	**1 EL Pflanzenöl**
4 Knoblauchzehen, fein gehackt	
2 mittelgrosse Zwiebeln, eine fein gehackt,	
eine in feine Ringe geschnitten	

Den Reis gut spülen und in reichlich Wasser eine Stunde einweichen. Die Butter aufschäumen und die Gewürznelken darin rösten, bis sie sich blähen, dann den Knoblauch und die fein gehackte Zwiebel hinzugeben. Sobald die Zwiebel glasig ist, den Kurkuma und den abgetropften Reis untermengen. Das Salz, das Lorbeerblatt und 600 ml Wasser hinzufügen. Mit einem Deckel fest verschliessen und auf sanftem Feuer garen, bis der Reis weich und die Flüssigkeit aufgesogen ist.
Das Öl erhitzen und die Zwiebelringe darin tiefbraun und knusprig rösten. Vor dem Anrichten zerkrümelt über den Reis streuen.

Brot

In Nord- und Zentralindien wird aus jeder einfachen Mahlzeit ein Fest, wenn dazu das duftende warme Brot, das sogenannte *Roti,* gereicht wird. Das Brot ist gewöhnlich ungesäuert und besteht in der Regel aus Vollweizenmehl. Die meisten Familien stellen es täglich selber her. Der Teig lässt sich rasch zubereiten; ich brauche dafür fast immer die Küchenmaschine. Anstelle der traditionellen leicht konkaven *Tawa* kann jede schwere Bratpfanne aus Eisen oder eine Backplatte verwendet werden. Obwohl der Teig nicht aufgehen muss, lässt man ihn an einem warmen Ort etwa eine halbe Stunde ruhen, bevor man ihn ausrollt. In jedem Fall ist das ganze Verfahren viel schneller als bei unserem Brotbacken. Bei Bedarf kann man den Teig am Vorabend herstellen und über Nacht im Kühlschrank lassen; er muss dann eine Stunde an die Wärme gestellt werden, bevor man ihn ausrollt.

Ich liebe *Naan,* frisch aus einem echten Tandoor-Ofen, da aber die hausgemachten Versionen nur enttäuschen, backe ich zu Hause andere Brote.

Fladenbrot
Chapati

Das unscheinbare Chapati, dieses Massenbrot der gesamten indischen Bevölkerung, erhielt 1857 eine unheilvolle Bedeutung, als die mysteriöse Chapatibewegung den Grossen Aufstand, den man heute als den Ersten Unabhängigkeitskrieg kennt, ausrief. Boten, die manchmal in einer einzigen Nacht Strecken von 325 Kilometern zurücklegten, überbrachten die Chapatis von Dorf zu Dorf. Sogar sie selbst wussten nicht genau, worum es ging, doch verbreitete sich schnell ein allgemeines Gefühl der Unruhe und des Unheils. Heute ist dies vergessen, und die Chapatis werden – ohne unheilvolle Konsequenzen – am Tisch herumgereicht.

Für 4 bis 6 Stück
225 g weisses Chapatimehl oder Vollweizenmehl
½ TL Salz
175 ml Wasser

Das Mehl und das Salz in eine Teigschüssel oder die Rührschüssel der Küchenmaschine sieben, um die Kleie zu entfernen. Nach und nach soviel Wasser einarbeiten, dass ein fester Teig entsteht. Sehr gut durchkneten, dann in einer eingeölten Plastiktüte ungefähr eine Stunde ruhen lassen. (Der Teig kann auch schon am Vortag zubereitet werden.) Den Teig in vier oder sechs Kugeln teilen und jede zu einer flachen, 3 mm dicken Scheibe ausrollen. Etwa eine halbe Stunde unter einem feuchten Tuch ruhen lassen. Eine schwere gusseiserne Pfanne ohne Fettstoff sehr stark erhitzen, und die Chapatis darin nacheinander backen. Den Teig an den Rändern fest auf den Boden der Pfanne pressen, damit sich im Brot Blasen bilden. Sobald sich braune Flecken zeigen, den Fladen wenden und auf der anderen Seite backen. (In Indien werden die fertigen Chapatis oft noch mit einer Zange über eine mässig starke offene Flamme gehalten, bis sie sich so richtig aufblähen.) Bei der Zubereitung von grösseren Mengen, schichtet man die Fladen, in Folie eingepackt, aufeinander und hält sie bis zum Servieren warm. Kalte Chapatis werden ledrig-zäh und unangenehm zu essen.

Brot mit würziger Kartoffelfüllung
Aloo Paratha

Dieses Brot ergibt zusammen mit einem Joghurtsalat ein einfaches, doch köstliches Abendessen.

Für 6 Stück

Füllung:
175 g Kartoffeln
1 scharfe grüne Chilischote, entkernt
2 cm Ingwerwurzel, geschält
½ Bund Koriander

½ TL Cayennepfeffer
Salz
400 g Vollweizenmehl
Salz
120 g Butter
Öl und Butter zum Backen

Für die Füllung die Kartoffeln in der Schale kochen, abgiessen und gut abtropfen lassen, schälen und zerdrücken. Die Chilischote mit dem Ingwer und den Korianderblättern fein hacken. Unter die Kartoffeln mengen und mit Cayennepfeffer und Salz abschmecken.
In der Küchenmaschine das Mehl mit etwas Salz und der Butter mischen und gerade soviel Wasser (rund 1 EL) hinzugiessen, dass ein fester Teig entsteht. In 12 Kugeln teilen und mit einem feuchten Tuch bedeckt bereithalten.
Auf einer leicht bemehlten Arbeitsfläche zwei Kugeln zu flachen Scheiben von rund 10 cm Durchmesser ausrollen. Etwas Füllung auf eine Scheibe geben und mit der andern Scheibe bedecken. Mit dem Nudelholz vorsichtig flachpressen (zu einem Durchmesser von rund 17, 5 cm) und die Ränder aufeinanderdrücken. Eine gusseiserne Bratpfanne erhitzen, mit Öl bepinseln und das Brot darin backen, dabei einmal wenden. Die restlichen Brote ebenso ausbacken und im Ofen warm halten. Heiss servieren. (Traditionell backt man dieses Brot zur Hälfte auf der *Tawa* oder Backplatte, schmilzt dann in einer beschichteten Pfanne etwas Butter und backt es knusprig aus.)

Kartoffelkuchen
Aloo Roti

Dieses Hausbrot ist einfach zu machen und ergibt mit einer Schüssel Suppe ein sättigendes Mittag- oder Abendessen.

Für 6 Stück
4 grosse Kartoffeln
150 g Vollweizenmehl
1 TL Salz
3 scharfe grüne Chilischoten, entkernt, gehackt
3 EL gehackte Korianderblätter
40 g Butter, geschmolzen
Pflanzenöl zum Fritieren

Die Kartoffeln in der Schale kochen, gut abtropfen lassen und schälen. In der Küchenmaschine mit Mehl, Salz, den Chilischoten, Korianderblättern und der geschmolzenen Butter zu einem weichen Teig verarbeiten. Nicht zu stark kneten, damit der Teig nicht zäh und klebrig wird. Etwa eine halbe Stunde an der Wärme ruhen lassen. Dann in sechs Portionen teilen und jede zu einer Scheibe von rund 15 cm Durchmesser ausrollen. Die Brote in einer eingeölten gusseisernen Pfanne leicht fritieren, bis sie auf beiden Seiten schön braun sind.

Punjab-Maisbrot
Makki Ki Roti

Dieser Teig gerät besser von Hand, da er in der Küchmaschine etwas zu zäh wird.

Für 12 Stück
400 g Maismehl
Salz
175 ml kochendes Wasser
geschmolzene Butter

Das Mehl mit etwas Salz in eine Schüssel geben und in die Mitte eine Vertiefung drücken. Das kochende Wasser hineingiessen und alles mit einem Spatel zu einem festen Teig mischen. In 12 Kugeln teilen und jede zu einer 3 mm dicken Scheibe von rund 10 cm Durchmesser ausrollen. In einer leicht geölten gusseisernen Pfanne beidseitig braun backen. Jedes Brot mit etwas geschmolzener Butter bestreichen und in einem ofenfesten Geschirr aufeinanderstapeln. Im Backofen warm halten, bis alle Brote fertig sind. Mit geschmolzener Butter servieren.
Aus dieser Grundmischung für Maisbrot lassen sich viele interessante Variationen herstellen. Man kann Kreuzkümmelsamen, Garam Masala, gehackte Korianderblätter oder andere Gewürze hinzufügen.

Das Maismehl mit dem Salz
in eine Schüssel geben.

Das kochende Wasser dazugeben
und zu einem festen Teig mischen.

In 12 Kugeln teilen, 30 Minuten ruhen lassen,
dann ausrollen.

In einer leicht geölten Gusseisenpfanne backen, dabei mit einer Brat-
schaufel flachdrücken.

Wenden und die zweite Seite bräunen.
Aufeinanderschichten und heiss
mit geschmolzener Butter servieren.

Fritierte luftige Brötchen
Puri

Diese ungewöhnlichen Puffbrote gibt es überall in Zentral- und Südindien. Sie lassen sich schnell und einfach selbst herstellen. Obwohl man sie im voraus machen und warm halten kann, fallen sie dabei unweigerlich zusammen. Aus diesem Grund mache ich sie nur zum unmittelbaren Verzehr.

Für 10 Stück
250 g feines weisses Chapatimehl
oder Vollweizenmehl

½ TL Salz
¼ l Wasser
Pflanzenöl zum Fritieren

Das Mehl mit dem Salz in eine Teigschüssel oder die Rührschüssel der Küchenmaschine sieben, um die Kleie zu entfernen. Soviel Wasser einarbeiten, dass ein Teig entsteht. Kräftig kneten und dann mit einem feuchten Tuch bedeckt mindestens eine halbe Stunde ruhen lassen. Unmittelbar vor dem Essen den Teig in 10 Portionen teilen und zu glatten kleinen Ballen kneten; wiederum mit dem Tuch bedecken. Die Ballen einzeln erneut durchkneten und leicht flachdrücken. Jede Seite mit etwas Pflanzenöl bepinseln und mit dem Nudelholz zu dünnen Scheiben von 6 bis 8 cm Durchmesser ausrollen.
In einer tiefen Bratpfanne oder einem Wok reichlich Öl stark erhitzen und darin die Brötchen einzeln bei mässiger Hitze ausbacken; die Brötchen dabei mit dem Schaumlöffel nach unten drücken, bis sie aufgehen und sich aufblähen. Wenden und von der anderen Seite ebenso ausbacken. Das ganze Fritieren dauert nur 30 Sekunden. Die goldenen Brötchen auf Haushaltpapier abtropfen lassen und so schnell wie möglich servieren.

Vollweizenbrötchen
Batti

Batti bildeten den eisernen Notvorrat der Rajputen-Krieger während ihrer Scharmützel in der Wüste. Das Brot wurde im heissen Sand vergraben und bei Bedarf mit nahrhafter geklärter Butter gegessen. Heute backt man diese Spezialität aus Rajasthan gewöhnlich in heisser Asche und bürstet diese vor dem Servieren weg. Ich mache das Brot nur, wenn ich ein offenes Holzfeuer habe, muss aber gestehen, dass ich jede Teigkugel in Folie einpacke, bevor ich sie in die heisse Asche lege. Man kann die Brötchen auch bei mässiger Hitze im Ofen backen.

Für 16 Stück
500 g Vollweizenmehl
1 TL Backpulver

1 TL Salz
80 g indische geklärte Butter (Ghee)
oder geschmolzene Butter

Das Mehl mit dem Backpulver und Salz in eine grosse Schüssel sieben, um die Kleie zu entfernen. Nach und nach etwa 300 ml Wasser einarbeiten, bis ein fester Teig entstanden ist. Zugedeckt 10 Minuten ruhen lassen. Löffelweise die Butter hineinarbeiten und kneten, bis der Teig weich ist. Zugedeckt etwa 20 Minuten ruhen lassen, dann in 16 Kugeln teilen. Diese erneut mindestens eine halbe Stunde ruhen lassen. Die Teigkugeln in heisser Asche oder im 180 °C heissen Ofen 20 Minuten backen.

Fritierte luftige Brötchen

Mehl und Salz in eine Schüssel oder die Rührschüssel der Küchenmaschine sieben.

Soviel Wasser einarbeiten, dass ein Teig entsteht.

In 10 Portionen teilen und zu glatten Kugeln kneten.

Jede Kugel nochmals durchkneten und ausrollen.

Die Teigfladen einzeln fritieren, dabei nach unten drücken, bis sie sich blähen.

Nach einigen Sekunden wenden.

Auf Haushaltpapier abtropfen lassen.

Sofort heiss servieren.

Chutneys, Pickles und Raitas

Die meisten indischen Familien sind stolz auf ihre hausgemachten Pickles und Chutneys und betrachten es als eigentliche Schande, Fertigware aus dem Laden anzubieten. Auf den Fenstersimsen der Häuser stehen die Töpfe in langen Reihen zum Reifen an der Sonne, und eine Hausfrau wird oft danach bewertet, wie viele Sorten sie aufzutischen hat. Ich muss zugeben, dass ich in der Regel gekauftes Mangochutney serviere, das ich in ein Schälchen umfülle. Doch reiche ich dann dazu noch eine von den folgenden einfachen Beilagen.

Die erfrischenden Raitas gelten als «kühles» Element zum Haupgericht, während die würzigen Chutneys den Geschmack milder Speisen heben. In beiden Fällen geht es darum, eine ausgeglichene, wohlgefällige Gesamtwirkung zu erzielen.

Koriander-Minze-Joghurt-Chutney
Dhania Podina Chutney

Dieses Chutney ist sehr einfach zu machen und passt wunderbar zu den meisten Fleischspiesschen.

100 g Korianderblätter
1 Bund Minze, fein gehackt
100 ml Joghurt
1 gehäufter EL gehackte Zwiebel
1 cm frische Ingwerwurzel, geschält, gehackt
2 scharfe grüne Chilischoten, entkernt
1 TL Zucker
1 TL Salz

Sämtliche Zutaten in der Küchenmaschine zu einer glatten Sauce verarbeiten.

Walnusschutney
Akhrote Chutney

Aus Kaschmir stammt dieses unkomplizierte Walnusschutney, das sehr gut zu den meisten Fisch- und Gemüsespiessen passt.

100 g Walnusskerne
120 ml Joghurt
1 TL Cayennepfeffer
Salz

Sämtliche Zutaten in der Küchenmaschine zu einer weichen Paste verarbeiten. Wer ein weniger scharfes Chutney wünscht, reduziert die Menge des Cayennepfeffers.

Süsse Zitronenpickles

Nimbu Ka Meetha Achaar

Für 900 g
500 g Zitronen
2 EL Salz
3 cm frische Ingwerwurzel, geschält, fein gehackt
10 Knoblauchzehen
200 g Rosinen
1 TL Cayennepfeffer
300 ml Malzessig
200 g Rohzucker

Die Zitronen vierteln und die Kerne entfernen. In eine Schüssel geben, mit dem Salz bestreuen, gut verrühren und 3 Tage ziehen lassen, dabei zweimal täglich gut umrühren.

Den Ingwer, die Knoblauchzehen, die Rosinen, den Cayennepfeffer und die Hälfte des Essigs hinzufügen. Zugedeckt im Kühlschrank 24 Stunden ziehen lassen. Die Zitronenviertel herausnehmen und jeden nochmals vierteln. Die übrige Mischung in der Küchenmaschine grob hacken, dann mit dem Zucker, dem restlichen Essig und den Zitronenstückchen in einen Topf geben, eine Stunde köcheln und anschliessend auskühlen lassen. In kleine Gefässe abfüllen und gut verschliessen. Mindestens 5 Tage an einem möglichst sonnigen Ort reifen lassen.

Minzchutney
Pudina Ki Chatni

100 g Minzeblätter
1 kleine Zwiebel
2 Knoblauchzehen
1 scharfe grüne Chilischote
(für ein milderes Chutney entkernt)
1 EL Zitronensaft
1 TL Salz
1 TL Cayennepfeffer
100 ml Wasser

Sämtliche Zutaten zu einer dicken Paste verarbeiten. In eine Schale giessen
und zugedeckt im Kühlschrank aufbewahren.
Nach demselben Rezept lässt sich ein Korianderchutney herstellen, indem man
die Minzeblätter durch Korianderblätter ersetzt.

Gurkenraita
Khira Raita

1 grosse Salatgurke
2 TL Salz
2 Frühlingszwiebeln
1 scharfe grüne Chilischote, entkernt
300 ml Joghurt
1 EL Zitronensaft
1 TL gemahlener Kreuzkümmel
2 EL gehackte Minzeblätter

Die Gurke würfeln oder grob raspeln, mit 1 TL Salz bestreuen und eine Stunde stehen lassen. Dann abspülen und trockentupfen. Die übrigen Zutaten, ausser der Minze, zu einem flüssigen Püree mixen und über die Gurken giessen. In eine Servierschüssel geben und kühl aufbewahren. In letzter Minute etwas Minze darunterrühren und den Rest darüberstreuen.

Spinatraita
Palak Raita

500 g frische Spinatblätter
1 TL Salz
500 ml Joghurt
½ TL frisch gemahlener schwarzer Pfeffer
1 scharfe grüne Chilischote, entkernt,
in hauchdünne Ringe geschnitten
½ TL Cayennepfeffer

Den Spinat waschen, nass mit etwas Salz in einen Topf geben und rasch dünsten, bis er zusammenfällt. Die gedünsteten Spinatblätter sofort in kaltes Wasser tauchen, damit sie die intensive grüne Farbe behalten. Gut abtropfen lassen, fein hacken und anschliessend den Joghurt, den schwarzen Pfeffer und die Chiliringe unterrühren. In eine Servierschüssel umfüllen und vor dem Servieren mit Cayennepfeffer bestäuben.

Desserts

In Indien haben süsse Sachen eine religiöse Bedeutung. Honig, Milch, Zucker, geklärte Butter und Wasser gelten als Speisen der Götter. Die meisten Desserts enthalten diese Zutaten, ergänzt durch Früchte und Nüsse. Man bietet sie Freunden als Zeichen der Liebe und Zuneigung an, und oft reicht man sie in der Art eines Dankgebets vor dem Essen. Für Hochzeiten werden die glückverheissenden süssen *Laapsi* zubereitet, die das Brautpaar jedem Gast persönlich überreicht.

Einige dieser Rezepte gelingen nicht mit pasteurisierter Milch, und für meinen Geschmack sind sie fast alle zu süss. Sogar in Indien überlassen es viele Familien den Profis, unter denen die Bengalen als die besten gelten, solche Leckereien herzustellen. Ich habe hier daher nur drei Desserts ausgewählt, die immer gut ankommen. Als Alternative dazu serviere ich auch oft frische tropische Früchte als Abschluss eines indischen Essens.

Safran-Joghurt-Creme
Shrikhand

Dieses feine zartgelbe Dessert aus dem Westen Indiens ist sehr einfach zu machen. Gesundheitsbewusste Köchinnen und Köche können Joghurt aus entrahmter Milch verwenden. Doch gelingt es meiner Meinung nach am besten mit dickflüssigem Vollmilchjoghurt.

800 ml Joghurt
6 EL Zucker
½ TL gemahlener Kardamom
1 TL Safranfäden, in 4 TL warmer Milch eingeweicht
5 Pistazienkerne, in Splitter geschnitten

Ein Sieb mit Musselin oder Käseleinen auslegen, den Joghurt hineingiessen und an einem kühlen Ort rund 8 Stunden abtropfen lassen. In der Rührschüssel der Küchenmaschine zusammen mit dem Zucker einige Minuten cremig schlagen. Den Kardamom und den aufgelösten Safran unterziehen. In Dessertschälchen verteilen, mit den Pistaziensplittern bestreuen und bis zum Servieren kühl stellen.
Für die internationale Küche lässt sich dieses traditionelle indische Rezept abwandeln, indem man kurz vor dem Anrichten 500 g frische Pfirsichschnitze oder 500 g frische Himbeeren untermischt.

Parfümierter Reisbrei
Phirni

Dieses Dessert gibt es überall in Indien. Meistens wird es in kleinen unglasierten Keramikschälchen, den sogenannten *Shikoras,* serviert, welche die Feuchtigkeit absorbieren und dafür sorgen, dass die Speise schneller fest wird.

175 g Reismehl
1 l Milch
200 g Zucker
1 TL Rosenwasser
1 TL gemahlener grüner Kardomom
2 EL Mandelblättchen
1 EL Rosinen
1 TL Pistaziensplitter

Das Reismehl mit ¼ l Wasser zu einer weichen Paste mixen. Die Milch aufkochen und die Reispaste beigeben. Unter ständigem Rühren 10 Minuten köcheln lassen. Den Zucker, das Rosenwasser, den Kardamom, die Mandelblättchen und Rosinen hinzugeben und mischen. In kleine Schälchen verteilen und mit Pistazien bestreut sehr kalt servieren.

Mangomousse

Aam mousse

Die in Indien am meisten geschätzte Frucht ist die Alphonso-Mango. Indira Gandhis Vorliebe dafür war allgemein bekannt, und Nehru schaffte es immer, sie damit zu versorgen, sogar als sie während des Zweiten Weltkriegs im Gefängnis war oder während ihrer Flitterwochen in Kaschmir weilte. Mangos gehören zu den vielseitigsten Früchten und lassen sich auf vielerlei Arten zubereiten, von köstlichen Mango Bellinis (Champagner mit frischem Mangosaft) zum Aperitif bis zu Mangodesserts als krönenden Abschluss für jedes Essen.

2 EL Zitronensaft
1 Briefchen Gelatinepulver (11 g)
oder 2 Blatt Gelatine
1 grosse reife Mango

2 EL Zucker
200 ml Doppelrahm
2 Eiweiss

Den Zitronensaft mit 2 EL heissem Wasser vermischen, die Gelatine darin auflösen und auskühlen lassen. Die Mango schälen und den Stein entfernen, dann das Fruchtfleisch mit dem Zucker zu einem glatten Püree mixen. Die Gelatine daruntermischen und die Schüssel etwa eine Viertelstunde in den Kühlschrank stellen.
Inzwischen den Rahm steif und die Eiweiss zu Schnee schlagen, beides unter das Mangopüree heben. In kleine Schälchen oder dekorative Förmchen verteilen und im Kühlschrank fest werden lassen. Eventuell stürzen und servieren.

Rezept- und Stichwortverzeichnis